絵空事ではない
パーパス経営のための
第一歩

会社・社員変革が加速する

社内通達

インターナルレター

の書き方

イデトモタカ IDE TOMOTAKA

つた書房

はじめに

日本で初めてのインターナルレター実践マニュアル

やる気がない、実力がない、本気じゃない。

多くの経営者や教育担当者から、社員に対するそうした不満の声を耳にします。

社内の問題はそれだけではありません。

モチベーションやエンゲージメントが組織内の個人の問題だとすれば、組織内でのグループの問題も存在します。

分断です。

経営と現場（その間で板挟みになるミドル）、企画と営業、支社と本社。やる気のある人とそうでない人――より正確には、「仕事と人生の分断」を起こしている人とそうでない人。

また別の悩みとして、昨今話題のパーパスをせっかく設定したにもかかわらず共感度が低い。

そもそも社員に浸透していなかったり、社員のための組織変更、制度改革であるはずなのに、理解が得られず反発されたり……等など。

人間個人や人間社会がそうであるように、これらは非常に複雑な背景と原因を持ち、「これが問題で、こうすれば解決でき、すべてうまくいきます」と単純化できるものではありません。それでも、有限のリソースのなかで有効な打ち手を見出すために、あえて強引にたった一つの原因を求めるならば、それは「信頼関係」です。

やる気がないのも、実力がないのも、本気じゃないのも、理由の根源には信頼関係の破綻や崩壊といった問題が横たわっています。では、処方箋はなにか？


「愛のあるコミュニケーション」です。


「愛のある」とは、感情的に好きという意味ではありません。

「(誠実な)行動を伴う」ということです。

「コミュニケーション」とは「言葉による意志・思想などの伝達[*1]」です。

求められるのは、会社から社員に向けて想いを伝え(=言葉による意志・思想などの伝達)、ひびの入った信頼関係を修復すべく、誠実な約束を自らし、守る(=誠実な行動を伴う)こと。

本書はそのための一つの方法――それもお金が一切かからず、今日からでも始められるよう

＊1　新明解国語辞典第七版より

にフレームワーク化した――をお伝えするものです。

一部の企業で行われ始めた、こうしたコミュニケーションを「インターナルレター（＝社員に向けての手紙）」と名づけ、その考え方や書き方について詳細に解説しました。

僕の知る限り、日本ではじめての実例を元にした「インターナルレター」の解説書であり、具体的な書き方についてのマニュアルです。

「興味はあるけど、文章を書くのは苦手だから……」と諦める必要はありません。現在は数年前には想像もできなかったほど精度の高い文章生成ＡＩが、無料もしくは安価に使用できます。

本書では、ライティングに苦手意識がある方に向けて、ChatGPTやGeminiといった対話型ＡＩチャットサービスを駆使して書き上げるための専用プロンプトも掲載しましたので、読んで真似していただければ、誰でも必ずなにかしらの成果を得られるはずです。

本書は誰に〝新たな力〟を与えるものか

組織のなかで「うねり」を生み出したい人。

組織の未来と仲間の成長を諦めていない人。

それが本書の想定読者です。

目的はさまざまかもしれません。社内コミュニケーションに興味がある程度から、企業変革を志している、野心のために社内で仲間を募りたい、新しいコミュニケーション・カルチャーや挑戦の文化を創りたい、パーパス浸透や新制度の理解を得たいなどもあるでしょう。

経営層であろうが、いち社員であろうが、部署もポジションも関係ありません。

ベクトルが同じ方向にそろっている状態、同じゴールを介してつながっている状態、自分ごととして仕事や会社を引き寄せている状態を目指す人なら誰でも歓迎します。

つまり、「そろえる」「つながる」「引き寄せる」を実現するための本であり、それを求める人に新たな力を与えるための内容です——あなたが本書の想定する想いを持った、素敵な読者であることを切に願います。

本書は「インターナルレター」を扱いますが、その主たるテーマは「会社と社員、仕事と人生の信頼関係を再創造（改善・修復）すること」です。

しかしそれは、「包み隠さず自己開示し合う親友のような関係」という意味ではありません。

会社という営利を目的に集った団体である以上、共有するゴール、その利害の一致が根底にはあります。そのうえで、互いの過去ではなく、未来でつながる。それが力に方向を与えます。人は「人」に共感し、絆を深めるのではなく、人の「想い」に共感し、共有することで特別なつながりを認識するのです。その効果的な伝え方の順序と内容をお伝えします。

本書の独自性は、なんといっても実際に企業で発信されたインターナルレターを複数、それも全文掲載し、その実例をもとに考え方、書き方の解説している点です。社内の、それもごく限られたメンバーだけを対象に、担当者の想いを率直に伝えるメッセージは、他の企業からは絶対に覗くことのできない秘密。それを今回特別に公開させていただくことができました。

一方で、本書に書いていないこともあります。まず、僕個人の歴史や体験談。自己啓発書ではなく、あくまでインターナルレターのマニュアルだからです。また、不満に思われる人もいるでしょうが、「インターナルレターを出した結果、どうなったか?」もありません。複合的な要素の一つであるため単体で評価できないことと、読者(あなた)がエビデンスを確認できないものは、どうとでも書けてしまうため、フェアではないと判断したためです。

本書が世界を変えるとは言いません。けれど実践していただければ、ひとりの社員、一つのチーム、一つの会社くらいは簡単に変えてしまいます。あなたが、世界を変えてください。

もくじ

CHAPTER 01 給料分以上働くのは損だと考える社員を変える

CHAPTER 02 パーパスの浸透が社員一人ひとりのWILLを育む

CHAPTER 03
インターナルレターは企業変革の第一歩

CHAPTER 04 即レターが書ける秘密のフォーマットと9つの質問

CHAPTER 05
Q＆A、その他の実例、AIを駆使しての書き方

CHAPTER 01
給料分以上働くのは損だと考える社員を変える

Letter 01

経営課題は、やる気がない社員と実力がない社員

そもそも仕事に「やる気」は必要ない

「大半はやる気がない。頼みの中堅は実力がない。どうしたらいい？」

ある有名企業の取締役が、食事の席でそうこぼしました。なぜ企業勤めのビジネスパーソンの多くは、仕事にやる気がない（ように見える）のか。

その理由を考えるより先に、確認すべきことがあります。議論の前提が正しいのかどうか。つまり、そもそも仕事にやる気は必要なのか、ということです。

僕は特段、仕事に「やる気」が必要とは思っていません。

誤解を恐れずに言えば、僕は普段の仕事も、本書の執筆も、特にやる気があって取り組んで

いるわけではありません。面倒だと感じることさえあります。

では、僕には「やる気」の代わりになにがあるのかといえば、「集中」です。ただ目の前のこと、成すべきことに集中しているだけ。

やる気がなくても実行すれば成果につながり、成果が出れば仕事は評価されます。

リモートワークが急速に普及し、マネジメントする部下や自分自身のやる気、モチベーションについて悩んでいる人は多いでしょう。やる気やモチベーションは感情の領域に属します。しかしながら、感情をコントロールしようとするのは、本能をどうにかしようとすることに近く、理性にとって分が悪い戦いです。

感情（意欲、やる気、モチベーション）をどうこうしようとするのではなく、理性が扱える「集中」に集中する。その方が賢明です。

また、いくらモチベーションがあろうが、集中力がなく注意が散漫だったなら、重要なものごとはなにも達成されません。反対に、モチベーションがなかったとしても、集中力を発揮し物事に取り組んでいたなら、相応の成果が出ます。

また、やる気やモチベーションには致命的な欠点があります。それは「ストックできない」

ことです。お金や知識、その他のモノはストックできます。貯めることができ、必要なときに使用できます。しかしモチベーションはそれができません。そのために、常に生み出しつづけなければ枯渇します。大切な仕事を、そんな不安定なエネルギー源に頼るべきではありません。

「それなら集中もストックできないではないか」という反論もあるでしょう。たしかに「集中」も多いときに貯めて、少ないときに出すといったことはできないものです。ただ、慣れれば扱いは比較的簡単で、モチベーションよりもはるかに能動的なアプローチができます。

ゆえに問題は、やる気がないことよりも、集中力がないことです。集中していないから生産性が低く、つまらないと感じます。好きで、面白いから集中するのではなく、集中しているから無意識がそれを重要だと捉え、好きになり、面白く感じていく。それが正しい順番です。

では、なぜ仕事に集中できないのでしょうか？

仕事はわたしを幸せにしてくれない

生きるためにお金を稼がなければいけない。

その共通認識はあるので、やる気のない人でも仕事に対して必要性は感じています。けれど集中力が発揮されないのは、経済的重要性はあれど、意義的重要性や納得感が低いから。さらに踏み込んで言えば、仕事という行為そのものを、深く信用していないからです。

それゆえに、仕事を自分のプライベートな人生や未来と関連付けて考えることをせず、積極的に舵取りしようという心持ちになりません。

創業前から十数年、ずっと僕は広告畑の人間でした。クライアントは商品やサービスを売りたくて（あるいは、売れなくて）相談に来るわけですが、プロダクトのパフォーマンスに問題がない場合、原因はおおよそ次の三つに分類されます。

注意されていない。
伝達されていない。
信用されていない。

第一に、その商品・サービスなり広告に意識が向いておらず、気にも掛けられていないなら、売れようがありません。この段階では、まずは注意を引くことを考えなければいけません。

一歩進んで、注意は引けているはずなのに、売上につながっていない場合。商品・サービスの良さ、得られるベネフィット（便益）が正しく伝わっていないのではないかと疑います。費用対効果が合わない、すなわち「高い」と思われている場合も、伝えるべき内容がマッチしていないミス・コミュニケーションが起こっている可能性が高いです。

さらに進み、注意が向けられ、価格以上の価値があることも伝わっているはずなのに、売れない場合の原因は何か。最も考えられるのは、主張内容が信用されていないということです。関係構築ができていない、と言い換えることもできます。

広告とは、本来誰もが信じたいものです。

一週間で英語がペラペラになる。一日五分でモデルのような体型になる。これを食べれば髪の毛が生える、病気が治る。わたしのマネをすればあなたも人気者の大金持ちになれる。

どれもこれも、本当だったなら、どんなにいいことでしょう。

僕らは（広告の）期待感からモノを買い、そして（広告に）裏切られることで傷ついてきました。そして学んできたのです。広告の言うことは信用できないと。そうした学習の結果、現在僕らは企業（広告）の主張よりも、購入者のレビューや親近感のあるインフルエンサーの意見に耳を傾けるようになりました。

同じ構図が、仕事に対しても起こっているように見えます。

すなわち、はじめは会社や仕事に期待していたけれど、それが（何度も）裏切られてきた結果、傷つき、もう信用できなくなった。そして悟ったのです。


「仕事はわたしを幸せにしてくれない」


そして上司や会社の言うことではなく、仕事に縛られずに生きている（ように見える）謎のインフルエンサーや自称自由人のメッセージの方が正しいのではないかと思えてきています。

他にも、平均して3パーセント前後の統計物価上昇率[*1]に対し、ここ数年の大きな社会情勢の変化から、僕ら生活者の体感インフレ率は15パーセントにも及んでおり[*2]、かといって給料が大きく上がる兆しもなく、まさに働けど働けどなお、この生活《くらし》楽にならざりの状態。こうした実感もまた、仕事を信用できない、仕事はわたしを幸せにしてくれないと思うに至る原因だと推察されます。

＊1　「2020年基準 消費者物価指数 全国 2023年（令和5年）9月分」総務省、https://www.stat.go.jp/data/cpi/sokuhou/tsuki/pdf/zenkoku.pdf　2023年11月5日閲覧。

＊2　「「生活意識に関するアンケート調査」（第95回）の結果」日本銀行情報サービス局、https://www.boj.or.jp/research/o_survey/data/ishiki2310.pdf　2023年11月5日閲覧。

目標はスマホのゲームに向けられる

もし社員に対し、仕事へのやる気を感じないのだとすれば、それは彼ら／彼女らが、仕事を「信用」していないからです。会社との関係構築ができておらず、むしろ壊れてしまっている。その結果、「仕事が自分を幸せにしてくれる」とこころの底から思えない。

仕事が単に生きるための手段と化せば、最小の労力で最大の利益を得ようとするのは至極当然の判断です。そして「幸せ」は別の対象に求め、「集中」は仕事以外に向けられます。

僕らが信用できない相手と深く関わろうとしないのと同様に、仕事を信用していない人は、仕事を自分のプライベートな人生や未来と切り分け、深く関わらせようとはしません。だから仕事に意義を見出そうともしなければ、能動的に目標を立てようとも思わない。自らゲーム性を持ち込んで挑戦したり、楽しんだりしようともしないのです。

しかし一方で、目標や挑戦がない人生は退屈です。では仕事を信用していない人たちがどこに目標を向けているのかといえば、一つはスマホを筆頭としたゲームでしょう。

電車でも新幹線でも、カフェや公園のベンチでも、驚くほどたくさんの大人がスマホでゲームをしています。新幹線のグリーン車でも、スーツに身を包んだおじさんが、タブレットの大きな画面でゲームをしている光景をよく目にします。

ゲームなんてくだらない、けしからん、と否定したいわけではありません。僕自身、学生時代はRPGや格闘ゲームに夢中になってきました。単なる暇つぶしや娯楽を超えて、自分のなかで「思い出」と呼べるほどのゲームもあり、日本が誇る文化だと感じています。

ゲームの特徴は「安全」で「面白い」ことです。だから積極的に挑戦ができます。他方、仕事での挑戦には基本的にリスクが伴い、面白さは自分で見出していく必要があります。それでも、自分の人生や未来とダイレクトに接続していれば、本来ならゲーム以上にゲーム性があり、夢中になれるもののはずでした。

けれど今、どうやら少なくない人々がそうは思えていません。その理由は、前述のとおり「仕事」や「働く」ということの信用性が、これまでになく下がってしまっているからです。

仕事の信用を取り戻す。

会社との関係性を修復する。

その方法をお伝えするのが、本書の一貫したテーマです。

自己効力感が低いのは、その方が楽だから

社員の自己効力感を高めて、挑戦の文化をつくる。

お手伝いさせていただいている複数の企業が、口裏を合わせたかのようにそうしたスローガンを掲げています。重要なプロジェクトだと思いますし、僕も応援させていただいているのですが、一つ気がかりなのはそもそもなぜ「社員の自己効力感が低いのか」です。

自己効力感とは一般に、目標や自ら設定したゴールを達成するために必要な自己能力の自己評価（の高さ）と定義されます。

同時に語られることの多い「自己肯定感」が、過去から現在までの自分に対するポジティブなフィードバックや承認度合いだとすれば、「自己効力感」は未来から現在に向けての自分自身に対するポジティブなイメージや自信と捉えると理解しやすいでしょう。

なぜ今、働く人の自己効力感が低いのか。

先天的に自己効力感が低い人はいません。誰もが歩き、話せるのは、本能的に「(いつか自分にも）できる」と信じたからです。残念ながら、その後の環境や出来事によって低下させられ

た可能性はありますが。

ただそうした受動的な理由だけでなく、皮肉にも自己効力感が低いほうが都合が良く、楽である。リスクや痛みを避けられるという側面も無視できません。

多くの企業が社員に対し、これまで以上に挑戦の機会を設けています。しかしながら、誰もが挑戦できる平等かつ自由競争の社会〈組織〉とは、素晴らしい反面、そこで成功を勝ち取れない、チャンスをものにできない自分は〈敗者〉であるという事実を無慈悲に突きつけられる世界でもあります。

そうであるならば、大切な自分を守る最善策は必然的に挑戦しないことにならないでしょうか。競争に参加しなければ、落ちこぼれ

自己肯定感と自己効力感

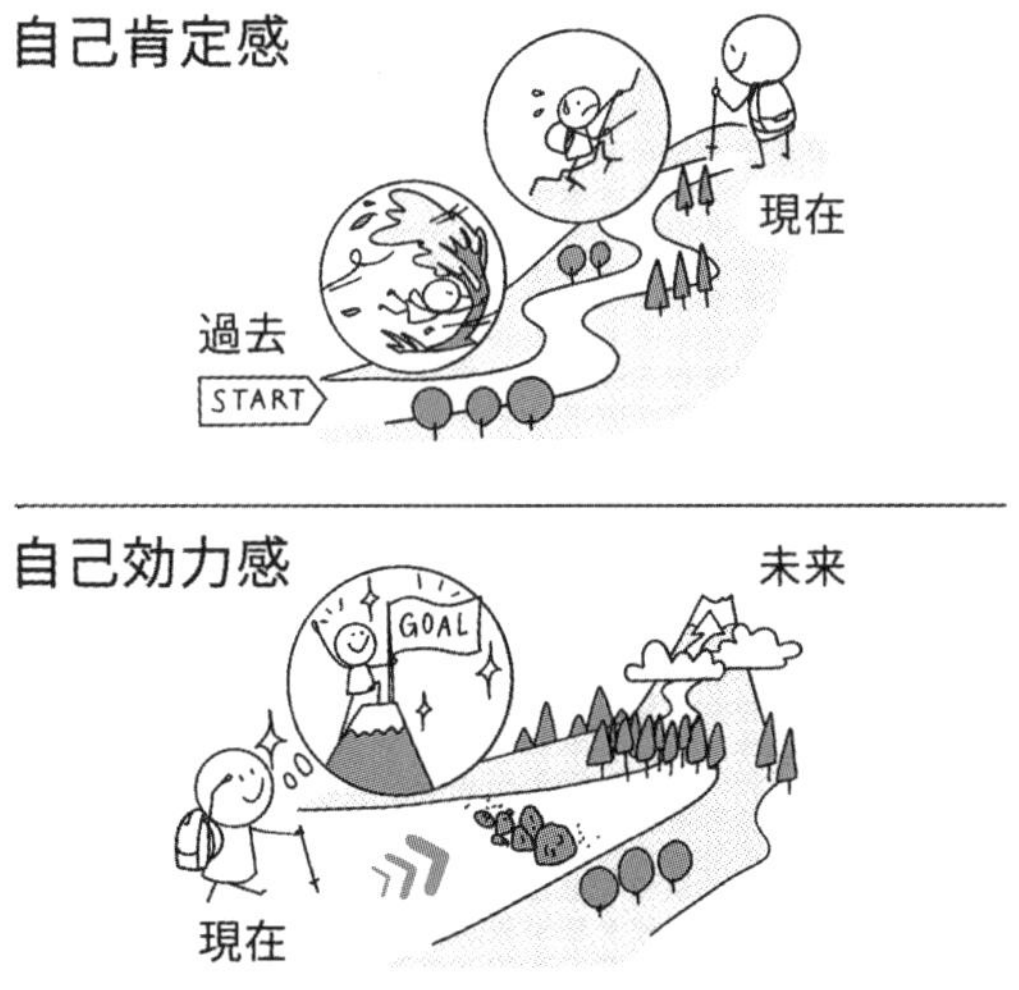

や負け犬の烙印を押されることはなく、そうした自分に出会うこともなくて済む。自分の能力を信じ、挑戦していかなければ道は開けませんが、そこには当然リスクや不快も生じます。

意識的か無意識的かは別に、そうした損得勘定の結果、自己効力感を（自ら）低く保つほうがメリットが大きい。そう感じている人が決して少数派ではないことが、これまで多くの企業で働く方々との対話を通じてわかりました。

実力がないのは、先達からの愛の結果

「やる気がない」に対する分析をいろいろな角度から行ってきましたが、もう一方の「実力がない」についてはどうでしょうか。

仮に「実力」を「筋力」と置き換えて類推したなら、なぜ「ない」のかに対する回答は非常にシンプルです。

負荷をかけていないから。

ただそれだけです。負荷のかかる挑戦をしなかったり、負荷がかかるまで自分を追い込まなかったのは「やる気」の問題と関連しますが、負荷不足の原因はそれだけではありません。ジョブローテーションや異動が頻繁で、スペシャリストが育ちづらいという構造的問題を抱えている企業はまだまだあります。しかしそれ以上に、労働環境が日に日に改善されるなか、メンタルヘルスケアの観点からも会社や上司が社員に対し、負荷をかけることがどんどん難しくなっているのではないでしょうか。

　加えて、僕が関わったりお話しさせていただく限り、現在企業で重要なポジションにいる年長の方々は、大なり小なり若かりし頃に会社や上司から理不尽な負荷を強要された経験を持っています。その結果、こころが折れてしまった方も無数にいるでしょうが、今なお会社に残り高い地位にいる人たちは、それぞれそうした理不尽な負荷に耐えてきた方々でしょう。

　社会的価値観や倫理観の変化もあり、そうした（自分たちの受けてきた）理不尽を下の世代には味あわせてなるものか、と自分たちの代で終わらせた。理不尽の連鎖を堰《せ》き止めたことが結果として、皮肉にも社員への負荷不足、実力不足という状況を招いています[*3]。

　一方で、なにをしてもしなくても歳はとりますから、慣れと甘えで態度は大きくなり口だけは達者になるものです。

＊3　中堅社員の実力がない別角度からの理由として「階層社会学（hierarchiology）」の観点もあります。興味のある方は拙著『フリーランスで「超」成果を上げる プロジェクトワーカーとしての働き方』（ぱる出版）の第一章「組織に属すると誰もがいつかは「無能」になる」を参照ください。

無論、「しごき」という名の不当な「いじめ」は看過されるものではありません。それでも、気難しい恋人の顔色をうかがうように、あまりにストレスのない時間や環境を構築しても、やはり実力はつきません。

では結論は。

社員が能動的に自ら負荷をかけるようになってもらう——しかありません。自発的に高い目標に「集中」し、積極的に挑戦することで、自ら負荷をかける人間になってもらう。

そんなのは無理だ、ありえない。……そう思われるかもしれません。実際、組織内の全員にそれを求めると、九分九厘、失望することになるでしょう。

だからといって、諦めていいものでもありません。

たとえ可能性が低くても、ほとんどの人には響かなくても、企業としては働きかけつづけるしかないのです。未来を創るのは〈人〉以外にはあり得ませんから。

そのための有効な打ち手の一つに、インターナルレターがあります（第三章で詳述）。

Letter 02

合理的に数字を読む経営をしてきたツケ

会社は事業も人も〈科学〉し過ぎた

なぜ大半の社員は「やる気がない（仕事に集中しない）」のか、そして中堅社員は「実力がない」のか、に対する仮説を個人に焦点を合わせて分析してきました。

しかし、個人だけの問題として片付けるのはアンフェアです。原因の一端は企業側にもあると考えるべきでしょう。そして企業サイドの過失を一言で要約すれば、次になります。

合理的に数字を読む経営をしてきたツケ。

合理的であることは非難される態度ではありません。数字を読むことも悪いことではありません。経営にとってはむしろ非常に重要な要素です。しかしながら、合理や数字に傾き過ぎると、別の不具合を発生させます。

本書執筆現在、[*4] Amazonの書籍検索で「科学する」と入力したところ、ビジネス・経済カテゴリーに限定しても「〜を科学する」というタイトルの書籍が356件ヒットしました。「科学」だと861件です。

再現性と生産性を求めて、経営はあらゆる領域を〈科学〉してきました。

科学とは「プロセスを明らかにする」行為であり学問です。それに対して魔法は「プロセスは不明だが結果が得られる」もの――ゆえにある人にとってはプロセスが明確で、再現可能であったとしても、周囲からはプロセスが不明な場合、それは「魔法」と捉えられます。

あらゆる事象は魔法から始まり科学化されていきます。けれどその過程で、計測できないものは抜け落ちていく点に注意しなければいけません。

なにかを〈科学する〉という場合、それは蓋然的に正しい知識を想定するということです。その知識には多くの場合、説明原理として数字が用いられます。

数字を読み、数字に頼るほど、数字に置き換えられないものを読む力は衰え、蔑ろにされていく。それは自明の理です。

数字には、計測できる明確な目標として段階的に負荷をかけられるという利点もありますが、

＊4　2023年11月7日時点。

同時に数字で表せない要素を（ごっそり）見逃すという弊害と裏表の関係でもあります。

システムが完璧に近づくほど個性は殺される

事業の命運が個人の「やる気（モチベーション）」や「実力」に依存するのは、どう考えても経営上のリスクです。

企業、とりわけ社会で重要な位置を占める大企業や上場企業が、そうしたリスクに対処していないわけがありません。優秀な経営者、優秀な企業ほど、アンコントローラブルな要素を排除し、いついかなるときも全体が機能するように事業や組織を構築・改善していきます。

その結果、あらゆる領域が非属人的にシステム化され、システムの精度は日に日に高まっていくものです。完璧を目指して。会社の強さとは、内包する多種多様なシステムの頑強性だとも言えます。

マネジメント困難な個人の状態に左右されないように、信頼できるシステムを設計し運用する。どう考えても合理的な判断です。

しかし完璧なシステムの追求は、個性の発揮と反比例します。

システムは完璧に近づくほど個性を不要にするのです。

18世紀に功利主義者ジェレミー・ベンサムが構想し、後にフランスの思想家ミシェル・フーコーが敷衍《ふえん》した概念にパノプティコン（一望監視装置）があります。

パノプティコンは一望監視装置という名の通り、元々は最少人数の看守で最大人数の囚人を監視するために考案された画期的な収容所でした。円形多層式に配置された収容所を、中心の塔から一望できることから、理論上はたった一人で数百人以上の囚人を監視できます。

さらにベンサムの卓越性は、看守のいる中心からは全収容所をガラス張りに視ることができる一方、収容所側からは光を利用して監視塔の状態を目視できないようにしたことです。それにより、囚人は自分が今現在監視されているのかどうかがわかりません。つまり実際の監視行為ではなく、監視されている〈可能性〉により囚人の行動を制限・支配できると考えました。

以上が一般的なパノプティコンの概略で、ご存知だった方も多いと思います。

しかしパノプティコンで真に注目すべき――そして最も見逃されている――事実はフーコーによる次の指摘です。

…誰が権力を行使するかは重大ではない。偶然に採用された者でもかまわぬくらいの、なんらかの個人がこの機械装置を働かすことができる、したがって、その管理責任者が不在であれば、その家族でも側近の人でも友人でも来訪者でも召使でさえも代理がつとまるのだ。まったく同様に、その人を駆り立てる動機が何であってもよく、たとえば、差出がましい人間の好奇心であれ、子供のいたずらであれ、この人間性博物館を一巡したいと思う或る哲学者の知的好奇心であれ、見張ったり処罰したりに喜びを見出す人間の意地悪さであれかまわない。*5

完成されたシステムの前では、〈誰が〉はもはや重要ではなくなります。極論、偶然選ばれた人間でも、その家族でも代理でも構いません。またシステムを機能させる動機（モチベーション）が何であるかも一切問われないのです。高尚でも下劣でもシステムが完全なら結果は同じになります。

あくまでもパフォーマンスはシステムから生み出されるのです。ゆえに、完璧なシステムが稼働する場所では、人間は個人化することができず、あらゆる個性が没個性化します。

なんだかディストピアを描いたSFの話のようですし、幸か不幸か現実にはここまでのシステムを築いている組織はそうありません。完璧なシステムは宿命的に持続的ではないからです。

＊5　ミシェル・フーコー（田村俶訳）『[新装版]監獄の誕生——監視と処罰』新潮社、2020、233頁。

監獄の運営とは異なり、資本主義経済下で変化や競争にさらされる事業活動には、基本的には耐用年数、すなわち寿命が存在します。社会や生活者のニーズの変化に対応して、プロダクトも変化・改善しつづけなければ淘汰されるからです。

完璧とは、それ以上足すことや引くこと、動かすことが許されない状態をいいます。ゆえに、今この瞬間に完璧なシステムは、変化に対応できず自滅するという矛盾を孕んでいるのです。

産業革命以降、人類は〈システム〉の虜になってきました。永遠不変の完璧なシステムは存在し得ないにせよ、会社で働くことは大なり小なりシステムに組み込まれることであり、そのシステムの精度が高く頑強であるほど、やる気や実力を不問とするかわりに、個性や動機を取るに足らないものと化します。

個人の「やる気」や「実力」をあてにしないシステムを構築してきた。そうした企業努力が働き手のモチベーションの不要化、負荷の軽減を引き起こし、必然の帰結として「やる気」や「実力」がない社員の量産につながったという視点も持っておくべきではないかと思います。

では次に、こうした現状が昨今関心を集めるカルチャー変革や人的資本経営とどう関連するかを見ていきましょう。

Letter 03

なぜ同時多発的にカルチャー変革が叫ばれるのか

カルチャーは自然発生的ではない

ここ数年、カルチャー変革支援に関する依頼が増えています。

企業規模も事業内容もばらばらなのに、なぜ揃いも揃ってカルチャー変革を喫緊の課題に据えているのか。カルチャーが変革されるとは、具体的にはどういった状態を指しているのか。そもそも「カルチャー」とはなにか——？

加えて、昨今ビジネス界を賑わせている「人的資本経営」とどう関係するのかについて、本説では紙幅を割いて整理したいと思います。

カルチャーとはなにか。

日本語では〈文化〉という言葉があてられますが、〈文化〉という言葉自体、元は大陸から輸入された概念です。

元来は政治的な用語で、「武力によらず民を教化する」という意味でした。噛み砕いて言えば、「腕力に頼るのではなく、教え導くことで、人々をいい方向に向かわせる」ということ。これが文化の語源だと言われます。

ポイントは、「（文化は）自然発生的ではない」という観点です。

僕らが今、企業文化や企業カルチャーという言葉を遣うとき、そこには創業時からつづく歴史のなかで変化しながらも培われ定着した、構成員に広く共通する価値観や行動様式、集団的な特徴といったニュアンスが含まれています。

無論、それらが好ましく、創業者や経営陣が望むものになっているのであれば言うことはありません。しかし現実は、一部いい面もあるけれど、ある面では多くの問題を抱えている、という状態ではないでしょうか。

そういった各企業に固有の悪習やなかなか改善されない思考パラダイムなどは、本来的な意味で〈文化〉とは言えません。

繰り返しますが、手を加えて意図的につくり上げられたものが〈文化〉と呼ばれるべきものです。

手を加えなかった結果蔓延した、企業存続においてネガティブな価値観や行動様式は、むしろ〈悪弊《あくへい》〉と称するべきでしょう。*6

そう考えると、カルチャー変革の前に、そもそもカルチャーがない企業の方が多いのではないかと思ってしまいます。

なぜ企業にとってカルチャーが存亡の鍵なのか

組織が機能不全に陥る危険があり、その解消に多大なエネルギーを浪費するから。

その結果、肝心な経営課題に注力できず、淘汰されるから。

以上が、端的に言えば企業において悪い文化（悪弊）にメスを入れ、変革しなければならない理由です。

企業に限らず、あらゆる社会集団において最大の脅威は、自滅的な行為や傾向が蔓延することです。

世界中のあらゆる民族や宗教には必ずなにかしらの禁忌があります。

有名どころではキリスト教の「七つの大罪」がそうです。傲慢（pride）、強欲（greed）、嫉妬

＊6　悪弊（あくへい）：よくないことだから何とかしてやめなければと多くの人が思っていても、現実には個人の力ではやめることの出来ない社会習慣。［新明解国語辞典第七版］

(envy)、憤怒（wrath）、色欲（lust）、暴食（gluttony）、怠惰（sloth）の七つを、決して犯してはならない罪として過去の聖人や賢者が設定しました。そして二千年以上もの間、時代の風雪に耐えて今日まで語り継がれています。

でもなぜこの七つなのか。その理由は単に「良くないことだから」では説明がつきません。悪いこと、罰すべきことは他にも無数に挙げられます。コミュニティの禁止リストであるならば、「盗み」や「暴力」でも良かったはずです。けれどそれらは含まれていません。

七つそれぞれの罪の共通項はなにか――それは、他者に危害を加えるものではなく、自分自身に関する悪習や悪癖であること。

つまり「自滅的である」という点です。

なぜ自滅的な行為や傾向を、とりわけ強調して戒める必要があるのか。

それは周囲に感染するからです。

そしてかつての黒死病《ペスト》さながら、最終的にコミュニティを壊滅させる危険がある。ゆえに大罪であり、ゆえに禁忌なのです。

会社組織においても、たとえ仕事のできない社員が少々いようが、土台がしっかりとしていればそう簡単には傾きません。ですが、自滅的な人間、挑戦を諦め、未来を捨て、仕事や会社への不信感を露わにする社員を放っておけば、やがて周囲にも感染し、土台そのものを揺るがす事態になりかねません。

先述したとおり、真面目に働くことへの信用が失われていっている今、多くの企業でカルチャー変革が叫ばれていることは、決して偶然でもただの流行でもないでしょう。

意図的、能動的に手を加えなければ、本当の意味で自分たちを繁栄させる良い〈文化〉が形成されない。それどころか、野放しにしていれば悪習や悪癖はみるみるうちに感染し、ついには自分たちを滅ぼしかねないのです。

カルチャーとは人間を耕すこと

カルチャーは日本語では〈文化〉と訳され、〈文化〉には「腕力に頼るのではなく、教え導くことで、人々をいい方向に向かわせる」意味が含まれていると述べました。

では、欧米における〈カルチャー〉という語彙（英語、フランス語、イタリア語ではそれぞれ発音は異なるもののculture、ドイツ語ではKultur）は、どのような語感を持っているのか。

一言で言えば、それは「耕す」イメージだそうです。

自然物に手を加えることで「栽培する」。この人工的なアプローチのニュアンスが、欧米人にとっての〈カルチャー〉という語への感覚です。[*7]

そのため、日本人が持つ〈文化〉のイメージからは発想しにくいものの、「culture（栽培）」の対義語は「nature（自然）」になります。「カルチャーは自然発生的ではない」と強調していた意味も、これでかなりクリアになったのではないでしょうか。

ドイツの哲学者であり社会学者のゲオルク・ジンメルは、その名も『文化論』という著書において、〈カルチャー〉を考えるうえで非常に重要なメッセージを遺しています。少し長いですが、それだけの価値があるので引用します。

まず前提として、

> 野生の梨の木には堅くて酸っぱい実がなる。野生のままで成長すれば、こうした実がなるだけで終わりである。そこで人間は意志と知性を働かせて、これに干渉し、木にあらゆる影響を与えて、食用に供する梨をつくり上げた。つまり、木を「栽培した」のである。[*8]

としたうえで、

＊7　実際、英語の〈culture〉には「栽培・耕作」の意味があり、稲作はthe culture of rice、牡蠣の養殖はoyster cultureと言います。

＊8　ジンメル（阿閉吉男訳）『文化論』文化書房博文社、1987、6頁。

木のように固くて味わえぬ木の実が園芸家の丹精によって、果物となったときには、われわれはこれを栽培したという。あるいはまた、この野生の樹木は果樹に栽培されたという。これに反して、おそらく同じ樹木から帆柱がつくられ、それによってこの樹木に少なからざる目的営為がおこなわれるばあいには、われわれは、樹幹が帆柱に栽培されたとはけっしていわない。この言葉のニュアンスは明らかにつぎのようなことを意味している。果実は、人間の骨折りがなければ、まずできないであろうが、けっきょく樹木に固有の成長力から生じ、また樹木の素質自身のうちに予示される可能性を充たすにすぎない。これに反して帆柱のばあいには、樹幹に、自己自身にはまったく縁もゆかりもない目的体系から、自己自身の本質傾向内に何ら素質的構造もない帆柱の形がつけ加えられる。まさにこの意味において、人間のもつありとあらゆる可能な知識、老練さおよび洗練さがいわば、自己自身の人格にたいして、これに外的な、けっきょくは外面的なもの以上に出ない価値領域から生ずる付加物としてのみ働くばあいには、これらのものはまだ人間に真の開化を与えるということができない。[*9]

＊9　＊8と同じ、23頁。

一律に同じ結果を求めるのはカルチャーではない

ジンメルの主張を意訳すると、要するに、

1自然のまま放っておいた梨の木の実は、酸っぱくて不味い
2それに人間が干渉し、影響を与えることで美味しい梨ができた
3これが木を「栽培（カルチャー）」したということである
4でも重要なのは、元々この梨の木には美味しくなる資質があったこと
5一方で、木を加工して帆柱（船のマスト）をつくることもできる
6それも木の変化だが「栽培（カルチャー）」ではない
7梨の木は帆柱にもなれるが、それは固有の成長した姿ではない
8そのものが持つ固有の可能性を開化させることが〈カルチャー〉である

梨の木は（人間の手によって）栽培した結果、野生の状態では決して到達し得ないほど、みずみずしく美味しい実をつくることができます。でもそれは、元々そうするだけの可能性（ポ

テンシャル）を梨の木自身が秘めていたからに他なりません。

そして梨の木は梨の実を実らせますが、林檎の木は林檎を実らせます。なにが実るのかは、それぞれの木の資質によるものです。梨の木にどれだけ手を加えようが、林檎を実らせることはできませんし、そうしようとするべきでもありません。

なにが実るのか、どんな味になるのかは、木それぞれの資質しだいです。

言い換えれば、どんな人からも同じ結果、同じ成果物を期待して、生産しようとする行為は「栽培（カルチャー）」から最も遠い行為です。

梨の木も、林檎の木も、葡萄の木も、そうしようと思えば手を加えることで、机にも椅子にもすることができます。しかしそれは外からの目的や要請によってそうできるというだけで、それが本来の姿でも、理想の状態でもありません。

僕はワイン、特にシャンパーニュが好きです。文字通り千差万別な味わいが存在し、多様な素晴らしさがあります。それは醸造家による葡萄の木の栽培（カルチャー）の賜物《たまもの》です。

しかし個性も資質もさまざまな葡萄の木々を、十把一絡げに「木材」として扱い、伐採して工場で一律に椅子に仕上げることもできます。そうした場合には、コブがある、節が多いなど、他の素材と合わせにくい、目的に合致しないと判断されたものは、除外されたり質が低いと評価されるでしょう。本当はクリュッグやクリスタル——どちらも最高峰のシャンパーニュ——の原料となる葡萄を実らせる木だったとしてもです。

工業化時代を経て企業は、葡萄の木から個性豊かなワインを造るのではなく、あらかじめ設計された椅子を造るように長らく人を扱ってきました。しかし騙し騙し維持されてきたそうしたやり方も、もはや限界を迎えようとしています。

いかにこの問題を解決するか。そうして出された回答の一つが、人的資本経営です。

企業の命運は教養ある大人の育成にかかっている

カルチャーとは〈文化〉であり、そこには栽培のニュアンスが重要であるという話をしてきました。

まとめると、カルチャーとは、本人に固有の資質を開化させることを目的とした、人工的な介入です。なぜカルチャーが重大なのか。それは自然（ネイチャー）のまま放置していても、せっかくのポテンシャルが十分に発揮されないままだからです。

金型で成形したように、一律に同じ知識や能力を備えた人を育てるのではなく、それぞれが持つ資質を最大限に引き出して、より魅力的な存在になるように手を焼く。それがカルチャー（文化）です。

言い忘れていましたが、カルチャーを日本語に訳すと、文化に並んで実はもう一つ意味があります。

〈教養〉です。

綺麗事に聞こえるかもしれませんが、人的資本経営がこれからの企業存続を左右するというのは、企業の命運はいかに社員を本当の意味で教養ある大人にすることができるかに懸かっている、ということであり、経営者や経営幹部に近い人ほど、実はそのことをすでに肌でわかっているように見えます。

ここまで順を追って読んでいただいた方であれば、僕が言わんとする〈教養〉が、近年もてはやされている哲学や宗教、芸術、古典文学やワインなどの、ただ表面をなぞるに過ぎない取るに足らない雑学――ファスト教養とも揶揄されますが――のことではないと理解いただけているはずです。

ではあらためて、なぜ我が国の近代企業は社員をカルチャー（文化・教養）する必要があるのでしょうか。

それは日本が先進国だからです。

産業的、経済的にではありません。政治的にでも到底ありません。本書執筆中の二〇二三年一二月現在、為替の影響が大きいですが——米ドル換算のため——GDPはドイツを下回り世界4位に転落する見込みであり[*10]、新卒初任給ではとっくに韓国に追い越されてしまいました。[*11] 外国人にとって日本はもはや、安全で物価の安いアジアの一国に成り果てています。

衰退後進国とも揶揄されるこの国の、どこが先進的なのか。

直面している課題においてです。

世界一の長寿国である一方、少子化に歯止めがきかず、逓減する労働人口が膨大な非生産人口を支えなければならない社会構造。欧米諸国を筆頭に他の先進国も少子高齢化は進行しており、いずれ日本と同じ道をたどることになるわけですが、それはまだ数十年先の話です。

日本企業が人的資本経営を標榜してどのような手を打ち、いかに活路を見出すか。それはグローバルな投資家が注目するところであり、今後世界の経営者の指針となります。

人的資本経営を効果的に実現し、見事新しい時代を切り拓いた企業の施策を他国は真似すればいいのですから。でも日本企業はそうはいきません。課題先進国として、自らが有効な回答を出せなければ、どれだけ長い歴史を有していたとしても無慈悲にマーケットから退場を言い

＊10　金岡弘記／高見浩輔「日本のGDP、ドイツに抜かれ世界4位に　IMF予測」日本経済新聞、https://www.nikkei.com/article/DGXZQOGN240FU0U3A021C2000000/　2023年10月24日公開。

＊11　金明中「日韓の平均賃金、最低賃金、大卒初任給の比較ー購買力平価によるドル換算の平均賃金、最低賃金、大卒初任給は韓国が日本を上回るー」ニッセイ基礎研究、https://www.nli-research.co.jp/report/detail/id=73118　2022年11月30日公開。

渡されるのです。

個人においても、法人においても、目標とするロールモデルを見つけられず、自力で回答を出すしかない。そういった面では日本、ないし日本国民を先進国、先進国民と呼んでも過言ではないでしょう。

人を動かすのはファクトではなくエモーション

では、こうした危機感や必要性、覚悟をどう社員一人ひとりと共有し、共感を得て、変化に足を踏み出してもらえばいいのでしょうか。

訴えかけるしかありません。言葉で。そうは言っても、ただ事実を並べて論理的に伝えたところでなにも起こりません。説得しても人のこころは動かないのです。

論理は柱ですから、なければ崩れてしまいますが、表から見える必要は必ずしもありません。

訴えかけるべきは感情です。

コンサルティングファームが作成するような、文字や数字、グラフばかりの資料ではなく、また、原因と結果の関係が明らかな報告書でもなく、飾らない言葉で綴った手紙で伝える。

それがなにより効果的だということを、僕はさまざまな企業での実践を通じて確信しました。そしてそれらを実現するために、十数年かけて培ってきたコピーライティングの技術――それも基礎的な――がおおいに助けとなりました。

誰でも簡単にとは言い切れませんが、再現性ある方法がすでに確立された世界ですから、正しく真似していただければ効果が上がることは保証できます。なにより、通達として事務的な文章を書くのではなく、想いを伝える言葉を綴ることは、誰よりあなた自身をあらためて会社と仲間へ集中させるきっかけとなり、仕事に対して一層やりがいと幸福を感じられるきっかけになるはずです。

ここまで読んで「そうか、無味乾燥な資料を作るのはやめて、今度からは感情に訴えかけるような文章で伝えよう」と思われたなら、やや早合点している可能性がありますので補足させてください。

ファクトに基づいたロジカルな資料や報告書は不要、と言いたいわけではありません。それらの意図やメッセージをより効果的に伝えるために、別の（追加の）コミュニケーション手段としてインターナルレターが有効だという意味です。

これまでの通達をインターナルレターに置き換えるだけで解決する場合もあります。しかし中期経営計画や人事制度改革など、具体的な数字や厳密な言葉によって詳細な説明（理解）が求められる資料は変わらず必要です。

そのときに、ただ情報を伝えるだけでなく、新たな計画やビジョンへの共感を呼びコミットメントしてもらう。あるいは改革に対して感情的に受け容れ納得してもらうことが、インターナルレターの役割です。

Letter 04

コスパ、タイパの次は「メンパ」の時代

費用から時間、時間からメンタルへ

近年、コストパフォーマンスを略した〈コスパ〉に対して、タイムパフォーマンスを意味する〈タイパ〉を重視する風潮が若者のみならず強まっています。『映画を早送りで観る人たち』という現代を象徴する本も出版され話題となりました。

タイパ主義の賛否を論じることはここではしません。俎上に載せたいのは、コスパ、タイパときた、その次はなにかです。

その答えを僕は〈メンパ〉だと予想しています。

メンパはメンタルパフォーマンス（心理対効果・心理効率）の略で、僕が創った造語です。

つまり、ある行動に対してどのくらいこころが消耗するか。

二時間の映画を倍速視聴して一時間で観れば、タイパが良い。あるいは映画そのものは観ず、

まとめサイトやネタバレ動画で手短に内容を知ればさらにタイパが良いとされます。

この〈時間—獲得〉の関係を拡張して考えれば、アルバイトは時給が高ければ高いほどタイパが良いことになり、社会問題化している女子学生のパパ活も肯定はできませんが発想は理解可能です。

今後はさらに〈こころ—獲得〉の効率性が問われるようになっていくでしょう——言語化されていないだけで、その傾向はすでに至る所で見られます。

例えば、時給一五〇〇円の居酒屋のアルバイトは、時給一二〇〇円のデータ入力のアルバイトよりも同じ時間働くならタイパが良いです。けれど度々面倒な酔っぱらい客に絡まれたり、怒鳴られたり、嘔吐の掃除をしなければいけなかったりとこころを消耗する場合、時給は三〇〇円低いものの、誰とも会話せず淡々とキーボードを叩きつづけるデータ入力の方がメンパが良いと感じる人は大勢いるでしょう。

他にも、YouTubeで勉強や本の要約といった教育系動画の人気が高いのも、ひとりで自習するより楽しくてメンパがいいからです。

ベンチャーや外資系企業でも通用する力があり、転職すれば給料が一・五倍近く上がるとしても、「こころが消耗しそうだから」とゆるい仕事をつづけている人は、僕の周りだけでもひとりやふたりではありません。彼ら／彼女らもまたメンパを重視しているのです。

感情負荷を嫌う人たちを動かす

前述の『映画を早送りで観る人たち』では、物語のネタバレを厭わず、むしろ先に内容や結末を知ったうえで映画なりドラマなりを視聴したい、という人が一定数登場します。[*12]

先にストーリーを知っておきたい理由は、不用意に感情を揺さぶられたくないから。

換言すれば、喜怒哀楽といった感情の起伏や強い感情の発露、こころの変化をストレスに感じる（ゆえに避けたい）ということ。

メンタルの省エネ化。これがまさに〈メンパ〉的発想です。

今はまだZ世代と呼ばれる若者の新たな心理傾向にしか思えないかもしれません。しかしながら、タイパ思考がビジネスパーソンにまで浸透したように、メンパ重視も世代間を越えてある程度の支持を得るのは間違いないように思います。

本章の冒頭で、多くの企業で共通する経営課題は社員のやる気がないこと、それはすなわち仕事に集中していないということだと述べました。

＊12　稲田豊史『映画を早送りで観る人たち　ファスト映画・ネタバレ――コンテンツ消費の現在形』光文社、2022

そして困難な時代を生き抜くためには、社員を感化（文化）し、自ら負荷をかけて成長する人間になってもらう必要があるのだと。

けれどそのためには、会社に、なにより自分の人生に、強く意識を集中させるコミットメントが不可欠です。それは仕事は仕事とこころを無にして割り切っている人からすれば、メンパが悪いことかもしれません。

ですが感情的に乗り気になってもらわなければ、言い換えればいくらメンパが悪かろうが自分ごととしてより深く関わってもらわなければ――そして仕事を通じて自己を開花させることを関心事にしてもらわなければ――、企業にもこの国にも未来はありません。

組織が大きくなればなるほど、残念ながら全員を変えることは難しいでしょう。それが現実です。だからといって無視していい問題ではないのです。

仕事の信用を取り戻し、会社との関係性を修復する。

そのためには、これがわたしの仕事である、ここがわたしの会社であるという、雇用者と労働者の関係を超えた感情的つながりが求められます。

だから、通達ではなく手紙が必要なのです。

社外ではなく、社内に向けた。

消費者ではなく、社員に向けた。

こころを動かす飾らない言葉が。

感情的つながりを生む。そのアプローチとして人的資本経営に並びビッグトレンドとなっているパーパスについて、次章では見ていきましょう。

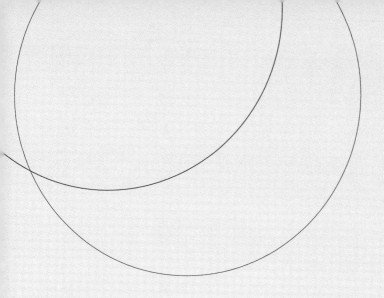

CHAPTER **02**

パーパスの浸透が
社員一人ひとりのＷＩＬＬを育む

Letter 01

なぜ今「パーパス経営」なのか？

経営者にとってパーパス経営は儲かる

パーパス経営とはなにか。

シンプルに定義するならば、「経済的価値と社会的価値の両方を追求する経営」が妥当ではないかと思います。

儲かればなにをしたっていい、という考えはもう通用しない。これからは社会に対してきちんと価値を生み、自社の社会的な価値を高めていくことが重要である。……というと非常に高尚ですが、けれど世の中の経営者が突如揃いも揃って素晴らしい倫理観、高い人間性を獲得したと考えるのは無理があります。

経営者には仏様のような人格者や、お金には見向きもせずにビジョン達成に燃える変革者もいますが、全体からすれば少数派。大多数は損得勘定で物事を判断する――得すること、勝つが大好きで、損すること、負けることが大嫌いな——商売人気質の人がほとんどである、というのが幾人もの経営者に会ってきた僕の偽らざる実感です。

であるならば、業種業態を問わず合言葉のように経営者が「パーパス経営」を唱えているのはなぜかといえば、ずばり儲かるから。パーパス経営を否定するより、パーパス経営を肯定するほうが得だと判断しているから、と見るほうが自然です。

経営者に求められる基本能力はたった二つであり、それはどんな社会、どんな時代でも変わりありません。

その二つとは「実行力」と「未来予知力」です。

優れた経営者、駄目な経営者

優れた経営者は、実行する力と未来を予知する力において突出しているのであり、他にどれだけ秀でた能力があったとしても、その二つが欠けているなら経営者としては能力不足と言わざるを得ません。

今、多くの経営者が「パーパス経営」に注目している。それは言い換えればさまざまな未来予知力を持った優秀なセンサーが、これからの時代を生き抜いていくために「パーパス経営」が競争力になると直感している、ということです。

この流れは、僕ら一般の生活者にとっても、決して悪い話ではありません。動機は不純であれ、あらゆる企業がパーパスを意識し、パーパス経営の実践に取り組むことは、社会にとってプラスです。しかし、現実にはパーパス経営の実践は非常に大きな覚悟を要します。だからこそインパクトがあるわけですが、失敗して大きな火傷を負うリスクもあるのです。

パーパス経営はブランディングに貢献する

パーパス経営は儲かる。

そう経営者が判断するとき、儲かる（＝得する）にはさまざまな側面があります。なかでも

「売上」と「雇用」は期待される競争優位性の一つでしょう。

売上の問題をパーパス経営がどう支援するかといえば、主にブランディングの観点からです。

ブランディングとはなんでしょうか。

端的に言えば、面倒なプロセスを飛ばして自動的に利益をもたらすためのイメージ構築だと僕は考えています。

過去、最もブランディングに長けた個人はスティーブ・ジョブズでもウォルト・ディズニーでもなく、間違いなく最悪の海賊と呼ばれたエドワード・ティーチ、通称黒ヒゲです。

現在僕らが想起するステレオタイプ的な海賊のイメージの原型となる人物であり、褐色の肌に編んだ黒い髭など、狂暴な外見をしていました。一八世紀当時、世界一恐ろしい海賊といえば、まさに黒ヒゲのことでした。

残虐で無慈悲な噂が絶えない黒ヒゲですが、では生涯で一体どれだけの命を奪ったかご存知でしょうか。

黒ヒゲはイギリス海軍の戦艦パール号との戦闘で、ロバート・メイナード大尉に殺害されその短い一生を終えました。

では、その間に黒ヒゲは何人殺したのかといえば――ゼロ。

誰も殺していないそうです[1]。

誰一人として殺す必要がなかった、と言ったほうが正確かもしれません。数々の噂（ブランディング）によって黒ヒゲの恐ろしさを学習させられていた人々は、抵抗することなく黒ヒゲの言いなりになりました。数多いる海賊のなかでも「黒ヒゲ」は、説得する必要も、実力行使に出る必要もない、つまり面倒なプロセスを一切排して、自動的に利潤をもたらす最高のブランドだったのです。

ただし、ブランディングが自動的に利潤をもたらすのは、与えるイメージが偽りない事実であるときに限られます——誰の命も奪うことなくこれを達成した黒ヒゲは、まさにブランディングの天才でした。

パーパス経営をブランディングに活用し、そこから利益を得ようと望むなら、社会が高い価値を感じるパーパスを掲げながら、見事に有言実行していると認められなければいけません。

そうしてはじめて、パーパス経営はパワフルに機能します。

パーパス経営は採用力を高めエンゲージメントを強化する

＊1　ピーター・T・リーソン（山形浩生訳）『海賊の経済学——見えざるフックの秘密』NTT出版、2011

経営者がパーパス経営に注目する理由のもう一つに、採用力の強化や社員のエンゲージメント向上が挙げられます。

企業は本来、提供する本質的価値や独自性、イノベーションによって社会と構成員を魅了できることが理想です。しかしながら、社会が成熟するなかで、画期的なイノベーションが起こりづらく変化に乏しい時代となっています。貧富の差が拡大する一方で、かといって富裕層が次に移行する新たなライフスタイルも未だ現れてはいません。

そうしたなかで企業が個性化し、競争力を発揮する場はもはや想いの領域しかない、という穿った見方もできます。想いはストーリーへと転換され、ストーリーはいつの時代も人々を動かす力でありつづけています。

もちろん、消費者や労働者の環境意識・社会貢献性に対する関心の高まりも無視できません。

企業の社会貢献とは、かつては利益の使い方でした。

売上の数パーセントで植林をする、販売個数に応じてアフリカの子どもが予防接種を受けられるようにする、他にも地域のごみ拾いや清掃活動なども、人件費を会社が負担しているという意味においては、利益の使い道の一種だと言えます。

稼いだ企業は、こうした寄付や支援を積極的に行う責務がある、というのがこれまでの発想です。
しかしそれが近年では、稼いだお金の使い方ではなく、稼ぎ方そのものが問われている、言い換えれば企業の営利活動それ自体が社会貢献的かどうか判断されるようになりました。持続可能という社会要請が企業に与えるプレッシャーが、それほどまでに強くなってきています。

まとめると、企業のパーパス実現は、あくまでも純粋な経済活動により達成されるべき事柄となりました。不道徳な金持ちが寄付やボランティアで自らの強欲や悪行を慰めるような行いは、もはや社会貢献性が低いと見なされています。お金を稼ぐことそれ自体が社

企業の社会貢献の変化

会に対してどれだけ価値を生み出しているか。それを消費者も従業員も見ているのです。

企業が慈善団体ではなく営利団体である以上、株主利益を無視した活動は資本主義に反し、持続可能ではありません。持続可能的に社会への貢献性を高めつつ企業活動を存続するには、CSR（Corporate Social Responsibility）ではなくCSV（Creating Shared Value）の立場で、利益（企業価値）の拡大が社会問題の解決に直結するような企業戦略が求められています。

企業の掲げるパーパスと事業の一貫性。それが消費者だけでなく、採用においても雇用の維持においても――無視できないほど――重要な位置を占めるようになりました。企業と社員のエンゲージメントの問題については、後ほどさらに詳しく見ていきます。

ですがその前に、そもそも〈パーパス〉とはなんでしょうか。

企業理念やミッションとはどう違うのでしょうか。曖昧になりがちなこの点を先にクリアにしたいと思います。

Letter 02

パーパスは企業理念やミッションとなにが違うのか？

ミッションが細分化され社会性が盛り込まれたミッションになった

パーパスとは、社会性が盛り込まれたミッションである。

これがパーパスの定義に対する現時点での僕の結論です。

タイトルにパーパスと冠する書籍が国内でも複数出版され、ビジネス雑誌でもテーマとして幾度となく取り上げられています。ですがその論調は概ねパーパスとは直訳的に「目的」ないし「存在意義」である、あるいは「意志」や「志」である、というもの。パーパスは志であり、これからの社会は資本主義から志本主義へ向かうべきである――云々。

しかしながらその説明でどれほどの人が納得するでしょうか。正直僕にはただの言葉遊びに感じられます。これからの経営には目的や意志（志）が必要です、と言われたところで、経営者の立場からすればなんの気づきも発見もありません。せいぜい「またコンサル会社が儲けるために新しいビジネストレンドを仕掛けているんだろう」と辟易する程度ではないでしょうか。

言葉遊びに陥ることなくパーパスを正しく把握するには、次の二つの観点を踏まえる必要があります。

一つは、成熟とは複雑化するということ。

もう一つは、現状の資本主義経済における営利企業は、株主利益の最大化という名目上の目的を無視できないということ。

まず、「成熟とは複雑化する」について。読んで字の通りですが、人間も社会も、基本的には進歩成長することと複雑化することはニアリーイコールです。現代的な表現では「解像度が上がる」と言ったほうがわかりやすいかもしれません。

パーパスはこれまでにないコンセプト、これまでの経営にオプションとして付け加えるべき新しい概念、と捉えるべきではありません。そうではなく、既に存在していたものが、社会の成熟（複雑化）のなかでさらに細分化されたと考えるべきです。パーパスが「目的」や「意志」を指すのであれば、これまでも企業活動において明示的であれ暗示的であれ、組み込まれていたわけですから。

では、パーパスとはなにがより複雑化、細分化された概念なのかといえば、冒頭に述べたように「ミッション」です。

企業におけるミッションの本質とはなにか

企業は稼がなければいけません。それ以外に、企業にとって持続可能な道はないのですから。先に「現状の資本主義経済における営利企業は、株主利益の最大化という名目上の目的を無視できない」と述べました。事業活動を通じて価値を生み出し、儲けることで出資者（株主）に還元する。それが資本主義経済（株式会社）の基本ルールである以上、経営に影響を与えるいかなるコンセプトも、広い意味で「稼ぐこと」と密接である必要があります。無論、パーパスも例外ではありません。

要するに、パーパスをどう定義するにせよ、稼ぐ力を増すものでなければ絵空事である、ということです。

前節で「パーパスとは、社会性が盛り込まれたミッションである」とお伝えしました。より丁寧に言葉を補足するならば、

「パーパスとは、（社会が成熟し複雑化するなかで）社会性（＝社会全体の幸福増加に向けての具体的な役割や関与）が盛り込まれた（細分化された）ミッションである」

となります。しかしそうすると今度は、「ミッション」を定義しなければ話が前に進みません。しかしミッションもまた「使命」や「存在意義」など、抽象的かつ曖昧に扱われる対象です。

幸いにして、過去にジャック・ウェルチが完璧な定義を行っています。

伝説の経営者と称される米国の実業家、ジャック・ウェルチはご存知のとおりゼネラル・エレクトリック社（GE）の元CEOであり、さまざまな批判はあるものの、ビジネス界に多大な影響を及ぼした人物であることには違いありません。

ウェルチは著書のなかでミッションを次のように定義しています。*2

「私たちはこのビジネスでどうやって勝とうとしているのか」という問いかけに回答を与えるものである。

＊2　ジャック・ウェルチ／スージー・ウェルチ（斎藤聖美訳）『ウィニング　勝利の経営』日本経済新聞出版、2005

ゆえに、良いミッションとは、そのまま経営方針（どうやって勝つか）と同義です。
例えば、Googleは次のようなミッション（使命）を掲げています。

Googleの使命は、世界中の情報を整理し、世界中の人がアクセスできて使えるようにすることです。[＊3]

実際、Googleにとってミッションの実現が企業価値の拡大につながり、生き残りつづけるための経営方針そのものだと言えます。
同様にAmazonは――明確にミッションや使命という単語を使用してはいませんが――指針とする理念のまとめとして次のように記しています。

Amazonは、地球上で最もお客様を大切にする企業、そして地球上で最高の雇用主となり、地球上で最も安全な職場を提供することを目指しています。[＊4]

これも、Amazonが「ビジネスでどうやって勝とうとしているか」への明確な回答であ

＊3 「Googleについて、Googleの文化、企業ニュース」Google、https://about.google 2023年12月15日閲覧。

＊4――「Amazonについて」Amazon、https://www.aboutamazon.jp/about-us 2023年12月15日閲覧。

り、競争力を得るための経営方針を表しています。

繰り返しになりますが、ジャック・ウェルチの言葉を借りて「私たちはこのビジネスでどうやって勝とうとしているのか」という問いかけに回答を与えるものが「ミッション」であると仮に定義した場合、「パーパス」はそこに「社会性」の要素が盛り込まれたもの。

逆に言えば、「社会性（＝社会全体の幸福増加に向けての具体的な役割や関与）」の有無が、「パーパス」と呼べるか否かの判断材料となります。

そして社会性を包含したミッションは、たとえ企業として「勝つ」ためのものであったとしても、一般にパーパスを説明する際に使用される「ＷＨＹ（なぜ＝企業の存在意義）」に答えるものに自然となっているはずです。

ＤＯのミッションとＢＥのミッションがある

「パーパス」は新たな概念ではなく、すでに存在していた「ミッション」がさらに複雑化し、解像度が高まったもの。

自分たち（自社）が良しとする社会に近づくように、積極的に関与し役割を果たすことが事業活動の根幹であり、利益をもたらし存在を持続可能にする経営方針であるもの。

これらを一言にまとめると、「DOのミッション」だといえます。

先に紹介した「Googleの使命は、世界中の情報を整理し、世界中の人がアクセスできて使えるようにすることです」は、まさに社会をより良くするための具体的な行動と役割が示された「DOのミッション」であり、そのまま「パーパス」と呼べるものです。Googleの目的や意志、志が十二分に感じられます。

他方、「Amazonは、地球上で最もお客様を大切にする企業、そして地球上で最高の雇用主となり、地球上で最も安全な職場を提供することを目指しています」というAmazonのミッションは、自分たちの在り方を定義していることから、「BEのミッション」です。

「BEのミッション」には、自分たちの事業を通じて社会をどう良くしようとしているのか、という社会性の観点が盛り込まれていないか、小さいため、立派な「ミッション」ではあっても「パーパス」と呼ぶには相応しくありません。

そのため、すでにミッションを定めている企業のなかで、それが「DOのミッション」であったなら、わざわざ新たに「パーパス」を考える必要はなく、堂々と「ミッションでありパーパスである」と宣言すれば良いわけです。

既存の自社のミッションが姿勢や在り方を宣言する「BEのミッション」であるならば、社会性の観点、それを自社がどのような役割を果たし、事業を通じてどう実現しようとするのかという「DOのミッション」、すなわち「パーパス」を別途設定する必要があるかもしれません。

このとき注意すべき点は、社会性というキーワードに翻弄されて、NPOや慈善団体のような志を掲げないことです。世界の戦争をなくす、飢餓や差別の撲滅といった活動はこころから素晴らしいと称賛しますが、企業における「パーパス」とは行動を伴う「ミッション」である以上、ミッションの定義である「私たちはこのビジネスでどうやって勝とうとしているのか」への回答でなければならず、経営戦略としてミッションの遂行が利益につながり、企業活動を持続可能なものにすることが重要です。

パーパスは利益の使い方ではなく、稼ぎ方によって実現されるべき目的であり、純粋な事業活動によって達成されることが社会の持続可能性に本当の意味でつながります。

これからパーパスを策定される際には、ぜひその視点を忘れないようにしてください。

補足として「企業理念」との違いについても付記しておきます。

企業理念はパーパスやミッションよりもさらに解像度が荒い言葉なため、MVV（ミッション・ビジョン・バリュー）を包括した意味で使用されていたり、「BE／DOのミッション」と同義だったり、ただただスローガンのような言葉を掲げている場合も散見されるため、明確に区分することは困難です。

組織内での混乱を避けるためにも、最初にきちんと社内での言葉の定義を整理することを強くお勧めします。

パーパスの良し悪しは経営における「縛り」の有無

抽象的に扱われがちなパーパスを、可能な限り実利的に定義してきました。パーパスに対してふわっとしたイメージしか持てていなかったなら、かなり解像度が高まったのではないでしょうか。

「パーパスとはなにか?」の議論の締めくくりとして、パーパス経営の真髄についても触れておきます。

「人は本当は仕事なんてしたくない」という前提に立つのが従来の社会通念であり、現実主義的な経営者の健全な思考でしたが、パーパス経営はその前提を覆そうとするものです。

つまり、「人はそこに意義を感じ、自分が偉大なものの一部と感じられるなら、積極的に自らのエネルギーを注ごうとする」。これは経営者にとっての理想郷でもあります。

しかしそのためには、パーパスによる経営層の〈制限〉を社員や社会がどれほど感じられるかが問題です。

企業経営に限らず人生全般に言えることですが、重大な決断をしたり、価値のある目標を設定したりする場合、その決断や目標の良し悪しは、どれほど具体的な〈縛り〉が発生するかが基準となります。

大きな縛りになるほど挑戦的であり、変革の側面では意味を持ちます。逆に以後の選択に影響を与えず、行動を左右しないのであれば無意味です。いいえ、企業や組織においてそういった目標や使命を掲げることは、無意味である以上に害となります。

僕らは大小の差はあれど〈自由〉を持っています。

〈自由〉そのものはエネルギーではありません。〈自由〉はポテンシャルエネルギー（潜在的エネルギー）です。自ら〈制限〉することで、その程度に応じてエネルギーへと変換することができます。ホースの先をつまむと、水の勢いが増すようなものです。

だらだら動画を観たり、寝転んでお菓子を食べることができる自由な時間を、あえて自ら制限することで、目標達成（例えば資格合格や語学の習得など）に向かうエネルギーへと転換されます。また、いつなにを食べてもいい自由があるにも関わらず、それを自ら厳しく制限することが、理想とする肉体や健康を実現するエネルギーと化すのです。

自由が大きく、その自由に対する制限が厳しいほど、勢いよく水が出る大きなホースの口を、ぎゅっと塞ぐのと同じように、何倍、何十倍ものエネルギーが放出されます。それにより、一見不可能に思えるようなこと（水で鉄を裁断するなど）が達成できるのです。

パーパス経営成功の鍵は経営陣の自由の放棄

話をパーパス経営に戻しましょう。

パーパスとは社会性が盛り込まれたミッション、すなわち「DOのミッション」だと定義しましたが、それはそのまま自社や事業に対しての〈縛り・制限〉を意味します。

さまざまな可能性や誘惑、利潤を拡大する魅力的な機会があったとしても、それをパーパスによって厳しく制限される。この自らに課した不自由さこそがパーパスが生み出す大きなエネルギーの本質です。

「Googleの使命は、世界中の情報を整理し、世界中の人がアクセスできて使えるようにすることです」というパーパス（ミッション）に共感して入った会社が、実際には儲かると見れば不動産売買だろうがファストフードのチェーン店だろうが、お構いなしになんでも手を出す経営をしていたなら、社員のエンゲージメントは高まると思うでしょうか。また、それを知った社会や消費者は、ファンになって応援してくれると思うでしょうか。

「私たちは、故郷である地球を救うためにビジネスを営む」[*5]と掲げる企業（パタゴニア）が、仮にコスト削減のために持続可能な天然繊維から環境負荷の高い化学繊維に切り替えたらどう思うでしょうか。不信感が倍増し、ユーザーはもちろん社員からも見放されるに違いありません――言うまでもなく、偉大なパタゴニアはそんなことはしていません。

パーパスを社会に示すということは、経営層は歯を食いしばってでも甘い誘惑を断ち切り、厳しい選択を自らに課すことを決意するということです。その上で雇用を守り、社会に価値を生み出し、利潤をあげる。

そうした、非常に難易度の高い使命に意志を持って挑戦するからこそ、企業も、企業を率いる経営層も、従業員や社会から尊敬と支持が得られます。

このような社会の変化や期待は幸か不幸か不可逆です。パーパスを競争力にし始める企業が続々と現れてきた以上、その流れを無視していてはパーパスを持たない企業の競争力は相対的

＊5　米国企業パタゴニアのミッション・ステートメント。「パタゴニアのストーリー」パタゴニア、https://www.patagonia.jp/patagonia/writer-2458.html　2023年12月17日閲覧。

に下がってしまいます。

ビジネスというゲームのルールが変わったのではなく、さまざまな環境変化や状況への対応により、これまで曖昧だったルールが明確化されたとイメージするほうがいいでしょう。

企業パーパスに併存するリスク

パーパスの意義や必要性について説いてきましたが、それらは言わばコインの表側です。その他の存在や概念と同様に、パーパスにも表があれば裏があります。メリットしか見えない、利点しか語らない人は、必ずなにかを見落としているか、故意に情報を伏せている可能性が高いので注意すべきです。

では、パーパスにはどんなデメリット、問題を引き起こす危惧があるのか。

一つはすでに述べたとおり、経営において〈縛り〉になるということです。安易に儲かるチャンスが転がっていたとしても、パーパスに反するのであれば飛びつくことができません。短期的に見れば損失ですが、長期的にはその方が企業価値が高まり、企業寿命が伸びると信じるしかないのです。けれどそのために、逆に競争力を失い経営不振に陥る可能性もあります。

やむにやまれず、あるいは欲に駆られてパーパスに反する利益を――これまでのように――獲りにいった場合にも、社員や社会からの非難はパーパス設定前より高まり、結果的に別の損失を生むことになります。

もう一つは組織の団結と分断に関してです。うまく設定されたパーパスは組織構成員の共感や一体感を高め、彼ら／彼女らの能力を引き出し、経営エネルギーを増大させることが期待されます。パーパスに賛同する社員は会社へのエンゲージメントや団結力を高め、離職防止にもつながるでしょう。パーパスが社会に対しても認められれば、採用力アップや売上向上にも寄与することは前述のとおりです。

しかし一方で、パーパスに共感できない人、すでに会社に対してエンゲージメントを失っている人にとっては「しらける」要因となりかねません。その結果、パーパスへの共感度を軸に組織内での分断がさらに拡大、助長されることも考えられます。

先に挙げた「パーパスが企業経営の制限になる」については、得られる新たな競争力とのトレードオフと割り切るしかありません。では、後述の「パーパスへの共感度による分断」については、なにか打つ手はないのでしょうか。

「マイパーパス」や「ＷＩＬＬ」がその葛藤を中和させます。

個の力（ポテンシャル）をどれだけ発揮できるか。それがこれまで以上に経営・社会の大きなキーワードとなっています。

企業は社会を発展させるドライブ、新たな競争力としてパーパスに到達しましたが、それは言わば巨大な歯車です。その大きな歯車を回すためには、組織の個人一人ひとりの小さな歯車が噛み合って回らなければいけません。

パーパスという巨大な歯車を動かすための小さな歯車。個人における「マイパーパス」や「WILL」について次は掘り下げていきます。

Letter 03

企業のパーパスが個人のWILLをアクティベートする

会社が社員にWILLを求めるのは暴力か？

とにかく時間が足りない。[*6]

今から三十年以上も前に時代を象徴するロックバンドがそう歌うほど、僕らは常に時間に追われ、時間がないと感じています。

では宝くじに当たったり、投資で億り人になったり、事業に成功してアーリーリタイアした人が、膨大な自由時間を手に入れた結果、問答無用に幸福かといえば、どうやらそうではないことが複数の研究からわかっています。

可処分時間はまるでないと不満になりますが、ありすぎても人生に満足できません。

理由の一つは、生産性を実感できないからです。

一部には、生産せず、消費するだけに満足する人もいるでしょう。けれど多くの人間は、な

＊6　日本のロックバンド、UNICORN（ユニコーン）が1993年にリリースした楽曲『すばらしい日々』の歌詞より。

にかしら生産的で意義を感じる活動をしなければ、深い充実感を得ることができません。

いいや自分は一日中だらだら映画を観たり、猫と遊んだり、ゲームをして配達される食事を食べるだけの生活で満足できる、という人も、数週間や数ヶ月ならまだしも、本当にそんな生活を数年、数十年、残りの人生すべてで過ごして、こころの底から充実したいい人生だったと思える自信があるでしょうか。人間関係が希薄になることも踏まえてです。

勤労はすばらしいなんて言いたいわけではありません。しなくていいのなら、したくない人が大多数でしょう。

ただただ生活に必要なお金を得るための労働は辛い。でもそうではなく、お金は価値を生んだ結果としてついてくるもので、止められてもやりたい、実現したときのことを想像するとわくわくする、それでいて自分だけでなく他の人（社会）も幸せにすること。ゆえに喜んで積極的にやりたい。

それが昨今「ＷＩＬＬ」と呼ばれているものです（議論を不必要に複雑化させないために、本書では「ＷＩＬＬ」と「マイパーパス」は同様のものとして扱い、まとめて「ＷＩＬＬ」と表記します）。

しかしここで、一つの疑問が立ち上がります。

会社が社員にＷＩＬＬを求めるのは暴力、新たなハラスメントではないか？

事実、相手が精神的な圧（プレッシャー）を感じるのであれば、暴力なのかもしれません。けれどそれは許される暴力であるはずです。

なぜなら一定の知識や技術と同様に、今後の企業経営において個人に保有することが求められる要素となっているのですから。

人は植物的欲求として「結実」したい

聖書をベースとする西洋宗教的世界観に反して、EvoDevo（進化発生生物学）の研究成果によると、人はかつて魚だったといいます。

妊娠中、胎内ではこれまでの人類の進化をわずか十ヶ月ほどで辿ると解説する生物学者もおり、実際、受精卵の成長初期段階は明らかに魚類、爬虫類的な見た目をしています[*7]。

しかし、そのさらに前の原初には「植物」だったのではないかと思っています。人間の肺臓

＊7　三木成夫『内蔵とこころ』河出書房新社、2013

は明らかに植物だった頃の名残りであるとする記述も見かけたことがあり――人によってはスピリチュアルな主張に聞こえるかもしれませんが――、生物の元の元まで辿っていけば、ありえない話ではないでしょう。

この仮説から、人は内臓系といった物理面だけでなく、精神面においても多かれ少なかれ未だ「植物性」を宿している、と僕は考えています。

では、人の持つ「植物性」とは何か？

それは恐らく「繁栄」や「結実」の欲求です。植物も動物と変わらず、その基礎本能は種の保存であり種の繁栄でしょう。そしてそれを植物が行うには、基本的には「実」を結ぶ必要があります。「結実」です。

これはマズローの欲求五段階説にも対応するため、それほど突飛な発想ではないでしょう。

ただし、植物とひとことに言っても多種多様であり、すべての植物が実を成らすわけではないように、万人が例外なく結実（自己実現）を求めているとも限りません。あくまでも「そういう人が多い」というマジョリティな傾向として話を進めていくこととします。

ＷＩＬＬは企業からのＷｉｎ―Ｗｉｎの提案

仕事をする上でＷＩＬＬがないとどうなるのでしょうか？

大半の人は一日８時間近く労働し生活の糧を得ていることを考えると、ＷＩＬＬがなければ人生の３分の１が「生活のため」に仕方なく消費される時間、我慢や犠牲の時間になります。

仕事は我慢（生活のため）でいいんだ。退屈も別のなにかで解消すればいい。という意見もあるでしょう。また、仕事は「好き」でやっていてお金も貰えるから文句はない。でもこれといったＷＩＬＬもない、という人だっているはずです。それも許されないことなのでしょうか。

前者の「仕事は仕事」タイプの場合、給料以上の労働は損失でしかありませんから、生産性や創造性が高い人材にはそうなりません。

後者の場合、本人は充実しているかもしれませんが、野心がなければイノベーションを起こす可能性は低いです。野心があるのなら、それは立派なＷＩＬＬなので「ＷＩＬＬのない人」ではなくなります。

さて、ＷＩＬＬがなく働くことはいけないのかですが、決して駄目なわけではありません。ただ、会社側からすれば「いずれ雇用できなくなる」ということは理解しておくべきです。

テクノロジーが日に日に進歩し、どんどん労働者が不要になったとき、生産性も創造性も低い人間を、なぜ雇用しなければならないのでしょうか。

雇用主側からすれば、今いる人の生産性と創造性がもっと高まってほしいのです。そうすれば、時代や環境が変っても雇用しつづけることができ、会社も存続できるわけですから。

つまり企業側から働き手である個人への「ＷＩＬＬ」や「マイパーパス」の要求は、双方にとって「Ｗｉｎ―Ｗｉｎ」の提案だと捉えられます。

ＷＩＬＬがあると人並み以上に仕事をすることになる

「ＷＩＬＬ」を仕事に持ち込む。それは言い換えれば「仕事の中に個人的事情を持ち込む」ということです。そうすることで、面白くないことを面白くし、使われている時間を使っている時間にしようという試みです。

けれども、仕事とは社会的な（＝他者にとっての）価値を提供し、それが金銭化されることで成り立つものですから、本来「個人的願望」が付け入る隙はありません。よく「やりたいことを仕事にしたい」という人がいますが、寝ぼけた話です。なぜ社会（他者）が、やりたいことをしている人にお金を払わなければいけないのでしょうか。

とはいえ、世の中には「自分の好きなこと（＝個人的願望）」を追求しながら、それが自由と収入につながっているように見える人がいるのも事実です。しかし会社の会議で「私は（個人的な欲求により）こうしたい！」と言ったところで、そこに価値がなければ無視されるか、頭が悪いと思われるだけでしょう。

では、どうすればいいのか。

「思考の次元を上げる」以外にありません。

自分のやりたいこと（WILL）を満たしながら、仕事として社会的な付加価値につなげる。むしろ自分のWILLを盛り込んだ方が、より価値があると周囲を納得させるには、それらが結び合わされる高さ（最小公倍数）まで思考のレベルを高めていく必要があります。

そうすると、副次的に間違いなく企画やアクション自体の社会性は高まりますし、自分の個人的願望（WILL）を盛り込んだにもかかわらず、結果的にはよりアン・セルフィッシュな（利己から離れた）ものへと昇華されます。

これこそがつまり「創造性」であり、創造性の高い人は会社でもいいポストが与えられるので、実生活も良くなるでしょう。

しかし「思考の次元が高い提案」を行い実行するには、相応の実力が必要です。「考える」のも肉体のトレーニングと同じですから、鍛えなければできるようにはなりません。

また、より高度な提案をするということはそれだけ実現の難易度も上がり、人並み以上の努力も求められます。

加えて、それらの労力が報われる保証はどこにもありません。

そんなことは割に合わないでしょうか。けれど、人生とは（僕が経験する限り）そういうものです。大半は自力をつけるために退屈な平原で過ごし、頑張ったからといって、それが報われる保証は一切ない。

でもそのなかにある、小さな成長、発見、自己の変容こそが、代えがたい人生の歓びを形成しています。

これはWILLによる新たなエリーティズムではないか？

ここまで述べてきたことを企業に勤める全員が全員、実践できるとは思っていません。恐らく実践者はほんの一部です。

であるならば、ＷＩＬＬとはかたちを変えたある種のエリーティズムなのでしょうか。僕は一部そのとおりだと感じています。

とはいえ、かつての選民思想（優生思想）のように、宿命に由来する選別ではありませんから、倫理的な問題はないはずです。

しかし繰り返しになりますが、ある種の「選別」であることには変わりありません。けれどそれは、企業の存続のために「許される選別」です。

「リーダーを選ぶ」ということなのですから。

先行きのわからない現代は、圧倒的なリーダー不足です。ゆえに大勢が乗った船を難破させないために、明るい世界に導くために、次のリーダーを選び育てる必要がある。それも多くのリーダーが。そのとき指標となるものの一つが個人のＷＩＬＬです。

「答え」がわからないことに挑戦するから新たな価値が生まれます。依頼者側にも「答え」がわかっている場合、それは「作業」です。依頼するのは手間や時間（工数）の問題に過ぎないため、付加価値が低く時給換算されるほどの価値しか認められません。

依頼者側には「答え」がわからないものが頼まれるからこそ、その問題を解決に導けば高い価値が生まれ、時給換算ではなく付加価値換算の「仕事」となります。それが本来的なプロフエッショナルの仕事の在り方です。さらに言えば、現在は「答え」以前に答えるべき「問い」の発見や創造こそが価値となった世界であり、だからこそ自ら有意義な問いを立てられる能力や人材が渇望されています。

社会性のあるＷＩＬＬを持つということは、解を出す価値を備えた「問い」を持つことと同義です。周囲を魅了する問いを発し、その解決の先にある希望で人々を惹きつける。それが現在的なリーダーに求められる機能なのです。

一方で仮にそうであるならば、一つの船に複数のリーダーがいては余計に混乱するのではないか、という話にもなります。確かにそれは問題ですから、ＷＩＬＬを持つリーダーのなかでも階層化され、より高次の、それぞれのＷＩＬＬをさらに包摂する思考ができる人こそが、真のリーダーとして求められるでしょう。

理想的には、それがトップ（経営者）の役割です。

加えて、無数のＷＩＬＬを持つリーダーたちを束ねるものとして、船（企業）そのものに求められているＷＩＬＬを、パーパスと呼んでいる。そう捉えればずいぶんと思考が整理されるのではないでしょうか。

「ＷＩＬＬを社員に問う（求める）ことは暴力か？」に関する主張をまとめると、「暴力かもしれないが、それは組織存続のために許される」。

そして仕事において、個人にＷＩＬＬはなくてもいいが、不利になる。

以上が、企業サイドが社員にＷＩＬＬを求めることを正当化する機能的な理屈です。

その上で、よりミクロな個人の問題として、ＷＩＬＬが生む新たな格差も存在します。

ＷＩＬＬの有無が新たな格差の原因になる

ＷＩＬＬを持って仕事に取り組んでいるか否かは、本人の自己効力感、及び自己肯定感にも強く影響を及ぼします。

第一章で「自己効力感が低いのは、その方が楽だから」だと述べましたが、人間とは基本的に楽に流れる生きものです。そこに目的や意志がない限り、手を抜ける場所では手を抜きます。エネルギーロスを避けるのは生物として合理的な本能ですから。

仕事にＷＩＬＬを持たない場合、すなわち仕事は仕事として生活のための手段であり、等価交換として人生を切り売りする感覚で働いていたなら、必要以上の労働は損失と認識されるでしょう。ぼちぼちやっていても、解雇権がほぼないといえるこの国では職を失う危機感もさほど生まれません。

その結果、努力が出し惜しみされます。

努力を出し惜しみする習性は、一見すると最も貴重かつ重要な自分の時間（命）を節約しているようですが、真実は逆です。なにより大切な自分の時間（命）を蔑ろに過ごすことで、深層心理的には自分の価値を低く評価していることになります。

生活の３分の１を占める仕事時間を軽くいなすことで、全力や本気の時間が減り、暗に「そうするに値しない人生」という烙印を自らに押すこととなり、それが自己肯定感、自己効力感の低下を招くのです。

反対にＷＩＬＬを持つ人は、あらゆる仕事や時間のなかに挑戦や意義を見出し、集中するからこそそれが自分のなかで重要になります。重要な物事に取り組むことで、人は自らを「重要な人物」だと回顧的に認識し、自己に対する評価を高めるのです。

こうしたサイクルが日に日に両者の差を拡げ、実際的なチャンスやポジションの差となって表れます。

それだけではありません。ＷＩＬＬ、すなわち「やりたいこと」がある人とない人とでは、リモートワーク化が進み、ＳＮＳが発達した現在では以前よりも数倍、数十倍も機会格差が生まれます。

自分を突き動かすWILLを持つ人は、インプットが充実し、アウトプットも行うでしょう。それによりさまざまな人や機会にめぐり会う可能性が高まり、充実した生活にドライブがかかるという好循環が生まれます。

他方、やりたいことがない人にはなにも起こりません。生活の枠は拡がらず、WILLを持つ人の輪に入ることがさらにできなくなっていき、今日と同じ明日が繰り返されるだけになります――本人がそれを望むなら、必ずしも他人から否定される生き方ではないですが。

仕事や人生に対する姿勢の違いから生じる機会格差は、もちろん今に始まった話ではありません。ただそれがリモートワーク化が急激に進んだ現在では、より顕著なものとなります。

Letter 04

組織を変え、未来を変えるには、関係性を創造する

企業のパーパスがＷＩＬＬの許可証になる

成功とは、他人が自分のためになにをしてくれるかです。

人生においても仕事においても、成功は自分の能力にも増して、他人が自分のためになにをしてくれるかが左右します。富への道も、名声への道も、自分の内側にはありません。ゆえに自分を成功まで引き上げてくれるネットワークや支援が不可欠です。

理想の肉体を手に入れる、資格試験に合格するなど、自己完結できる自己実現もあります。しかしそこには社会性の観点（他者の幸福）は全くないか、ごくわずかです。

企業がパーパスを掲げることは、社員一人ひとりのＷＩＬＬを肯定し、許可を与えることにもなります――社員のＷＩＬＬが自社のパーパスと接続している場合には、ですが。

社員は自身のＷＩＬＬと会社のパーパスを強引にでもこじつける論理を構築しなければなり

ません。一方で社員のＷＩＬＬが企業パーパスに合致しているのであれば、会社側もその提案や活動を許可する態度と制度が求められます。

組織で働く人はこのダイナミクスを活かし、より有利かつ自由に立ち回れるようにパーパスをハックするべきです。企業側はこうした機会をより丁寧に社員にメッセージとして届け、新たな競争力を得る必要があります。

そして説明する際は、論理以上に、感情的に。

感情がついてこない限り、人は論理では動かないからです。

社員にとってＷＩＬＬを持って働くということは、人並み以上に仕事をする事態を招きます。会社や上司から言われたことをするだけでなく、より高い目標や目的に到達するためにわざわざ業務内容をアップデートさせ、論理構築するために余計に頭に汗をかかなければいけません。さらには、自身の業務範囲を超えて有志のプロジェクトを企画して、人をネットワークして邁進する。

そんなことができる社員はスーパースターです。

でもスーパースターを誕生させなければ――それも一人や二人ではなく複数の――、企業は非連続的な成長を描けず、未来がありません。

そしてそんなスーパースターは、現在の給料が下がってでも、自分のＷＩＬＬに合致する場所で力を発揮したいと考えるような人たちです。

彼ら／彼女らを引き留められるかどうかは、自分の命を使う意義を感じさせられる社会的なパーパスを設定できるかどうか、それによる自由の制限・縛りを経営層が受け容れパーパスが本物であることを言動一致で示せるかどうか、そしてそれらを事務的にではなく、きちんとところに届くメッセージとして伝えられるかどうかにかかっています。

ＡＩがどれだけ進化しても残る課題が「人間関係」

パーパス経営は儲かる。

本章はそこからスタートしました。世間一般に謳われるパーパスの有効性を説いても気づきがなく無駄である。そう考え、あえて挑発的ともとれる実利的な内容を展開してきましたが、最後は同じ場所に着いてしまったかもしれません。

世の中にはパーパス不要論も存在します。綺麗事であり、お遊びだと。しかしそれはパーパスの定義によります。

パーパスを「志」と捉え、誰も批判しないスローガン化しているのであれば、確かにそんなものは——胡散臭いパーパス・コンサルタントを儲けさせる以外——大した役に立たないでしょう。しかしパーパスをＤＯのミッションと解釈し、自社が持続的に存在しつづける（勝つ）ための経営方針の柱と位置づけ、経営層が自由を制限することでエネルギーを凝縮することができたなら、パーパスは決して綺麗事でもお遊びでもなくなります。

残す課題は、会社と社員の関係性だけ。

昨今、大規模言語モデル（ＬＬＭ：Large Language Model）をベースとした新たなＡＩが世間を賑わせており、長期的には僕らの仕事や働き方を大きく変化させるでしょう。

しかしながら、ＡＩが今後どれだけ進化しようと、人間主体の社会が存続しつづける限り消滅しない問題が人間関係です。

「組織づくり」とは、「個々人の自我を束ねる共同体目的を明確化・強固化するための環境づくり」です。

環境とは、言い換えれば自分以外の存在との関係であり、仏教用語では縁起と呼ばれます。

一般に、自分を変えるには環境を変えなければいけないと言いますが、その本質は現在の縁起を変えるということ。縁起が変わると自我、すなわち価値体系が変わります。平たく言えば、物事の優先順位（重要度）が変わるということです。

会社を変えるとは組織づくりの変更であり、組織づくりとは環境づくり、そして環境とは関係性。

社員にＷＩＬＬがない、社員にＷＩＬＬを持たせたいという問題は、社員本人の課題のようでありながら、その実、この会社やこの仕事で自分はＷＩＬＬを持ちたいかという関係性に原因がある可能性も無視できません。

業務遂行のための具体的な知識や技術、経験、直感力は重要です。ですが、それらをより身につけさせ、発揮させ、新たな価値の創造につなげさせるには、なにより関係性の創造（改善・修復）が核心となります。

そのためには、無味乾燥な情報伝達ではなく、情緒的・感情的なつながりを感じさせるメッセージ（こころのこもった手紙）が必要かつ有効なのです。

さて、長い前置きとなりましたが、次章からはいよいよ関係性を変え、組織を変え、会社を変える手紙、インターナルレターの具体例と解説、実践方法についてお伝えします。

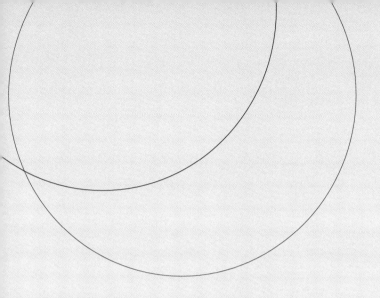

CHAPTER 03

インターナルレターは企業変革の第一歩

Letter 01

インターナルレターの3つの目的

そろえる、つながる、引き寄せる

インターナルレターとはなにか。

会社から社員に向けて発信される文章の一種ですが、では一般的な通知や通達とはなにが違うのか。

最も大きな差異は、正確な情報伝達を目的としないという点です。

社内通知及び通達では、ルールや制度の周知、ニュースや案内、強制力を伴う決定事項の連絡などを目的とし、そのため「誰にでも間違いなく伝わる簡潔な文章」が求められます。機能性がほぼすべてのウェイトを占めるため、必然的に形式に則った無味乾燥な筆致となります。良い悪いの問題ではなく、情報の正確さを担保し、曖昧さを排除した合理的な結果です。

インターナルレターは正確な情報伝達を目的としません。事務的な詳細情報はインターナルレター本文の「外」に出して伝えます。つまり通常インターナルレターは「レター本文」と「詳細情報」の二部構成で発信されます――インターナルレターは単体で出すことはあまりなく、なんらかの連絡事項と合わせて出します。

情報を間違いなく伝える手段ではないのなら、インターナルレターの目的はどこにあるのでしょうか。

大きくまとめると「そろえる」「つながる」「引き寄せる」の3つです。

これらを実現することで、より上位の目的達成を補助《アシスト》する。それがインターナルレターの役割です。

そのため、機能性よりも書き手の人間性が

インターナルレターの3つの目的

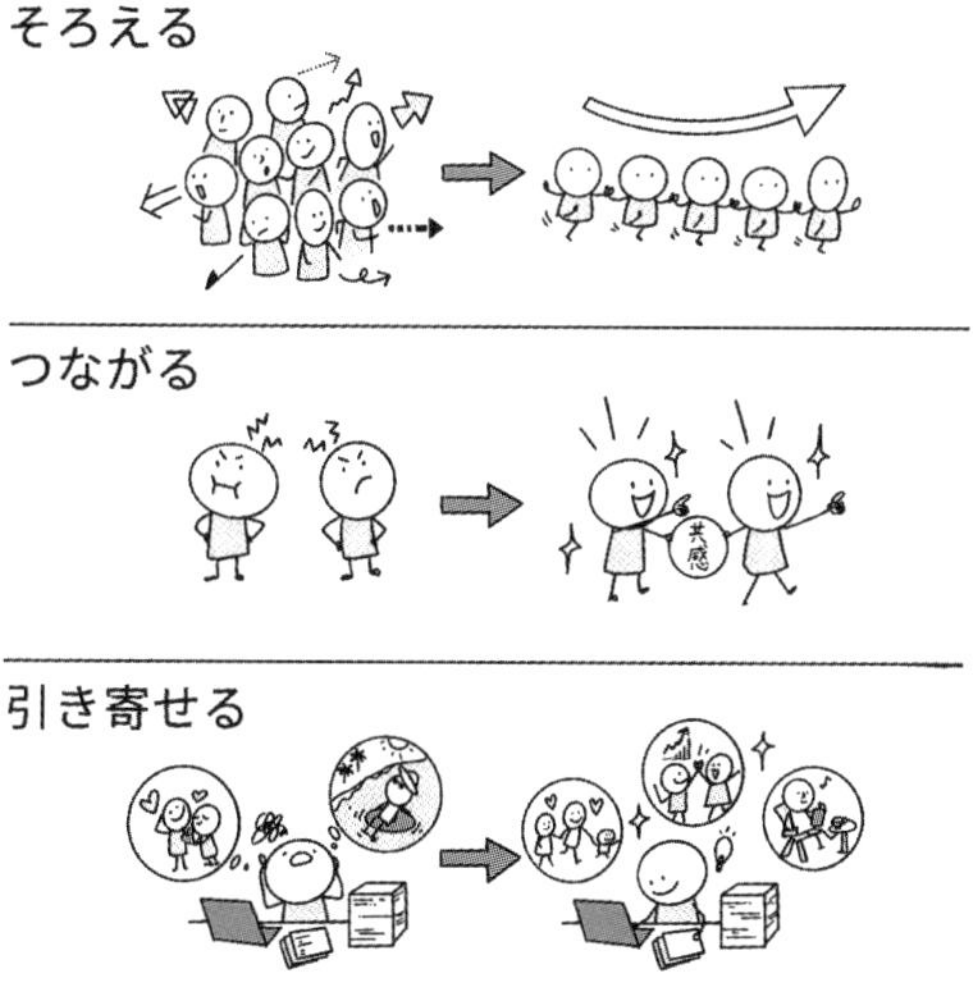

求められます。誤解を恐れずに言えば、解釈の余地がない「情報」ではなく、受け手によって解釈が異なる「想い」を伝える文章。

役に立つ技術はビジネス文章力や広報スキルではなく、コピーライティングやセールスライティングの力。ただし、刺激的な言葉で感情を煽ったり焚きつけたりすること、つまり短期的なモチベーションアップを目指すものではありません。この辺りについては、これから詳しくお伝えしていきます。

矢印の方向を「そろえる」

インターナルレターの第一の目的である「そろえる」は、具体的になにをそろえるのか。

それは、会社と社員の「矢印の方向」です。

僕が幼い頃、地元のお祭りでは重さ数トンもある山車《だし》を子どもたちだけで、人力で動かしていました。なぜそんなことが可能かといえば、大勢の引き手が同じ方向に力を加えているからです。反対に、どれだけ立派な山車であっても、引き手の向かおうとする方向がばらばらで、綱引きのように対立していては、エネルギーの総量とは裏腹に全く動かないか、より力の強い方に重々しくわずかに進むだけです。傍《はた》から見ればこんな馬鹿らしいことはありません。けれど企業では、実際にそうやって「動かない」ことが多々あります。

「そろえる」は、社員一人ひとりの力の矢印を、企業が進もうとする方向に合わせるということです。

企業パーパスや経営理念といった、抽象的で当たり障りのないスローガンになりがちな表現を、個人一人ひとりにとって手触り感のある言葉にする。

人事制度の変更など、社内の変革の意味や意義、目的、必要性を頭だけでなく情緒的にも理解して、現状が変わることに反射的に反対するのではなく、支持してもらう。

この研修やトレーニングを、なぜあなたに、なぜ今、受けてもらうのか。それは、あなたになにを期待しているからか。あなたの未来にとって、会社の未来にとって、どういう意味を持つことなのか。そうした背景を事務的にではなく、人間性を感じるメッセージとして伝え、共感したうえで参加してもらう。

会社から社員に向けた手紙というコミュニケーションにより、関係性を変化（修復・改善）させ、矢印の向いている先を同じにする。そろえる。

とはいえ、インターナルレターにはリスクもあります。発信者（多くは組織長や部署）の言葉選びによっては、受け手に別の解釈や、意図しないメッセージが伝わりかねません。ただ、通常の通知や通達と同様に、誰の確認や承認もなく発信されることはないでしょうから、十分に回避できるリスクです。

むしろ、インターナルレターの担当者、担当部署自身が、自社のパーパスやビジョン、制度や施策の意義、社員の心情と向き合い、解釈を深める必要性に駆られるということは、発信を承認する上層部との（場合によっては上層部同士の）解釈のずれを確認できたり、議論にもつながる重要な機会創出にもなります。

具体的なインターナルレターの書き方については後の章で詳述しますが、ポイントは「自分たちはこう考えている」と正直に伝えること。

勇気を持って、あえて個人的・人間的なメッセージを出すからこそ、どこに向ければいいのかわからない矢印に、確かな方向性を与えることができます。

同じ理想に手を伸ばして「つながる」

インターナルレターの第二の目的は「つながる」です。エンゲージメントが信頼や約束を土台にしているとすれば、「つながる」が基盤にするのは相互理解と共感です。

インターナルレターを有効に活用できれば、従業員エンゲージメントの向上効果は十分に期待できます。でもそれは「つながる」こと、ないし他の目的の総合的な結果であり、副産物のようなものです。

社員の会社へのエンゲージメントを高めるため、インターナルレターを手段として使うことになんの問題もありません。ただその場合、インターナルレター単体でエンゲージメント向上を実現しようとするのではなく、あくまで補助的なアプローチと捉えた方が上手くいきます。内容も「信頼してもらおう」とするより、「相互理解を深める」と考えたほうが、より深く伝わる――最終的に信頼につながる――ものになるでしょう。

心理学的には「ラポール」を築くとも言えます。インターナルレターの具体的な考え方や技術についての解説に先立ち、最も重要なポイントをお伝えすると、こちらの事情を正直に伝え、相手の事情を理解しようと努める姿勢を示したうえで、共通する対象（未来や理想）への臨場感をどれだけ共有し高められるかが鍵です。

目指すのは両想いの恋人同士が手と手を取り合う姿ではなく、関係の充実した夫婦が同じ価値観や理想、あるいは子どもの手（存在）を間につながっている状態。

この理解がないために、多くの企業が「もっと自分（会社）のことを見てほしい」「こんなに尽くしているのに、どうして愛してくれないんだ」と、直接的なアプローチに徹し、理不尽な怒りや悩みを抱えているように見えます。

見つめ合うのではなく、互いに同じ方向（未来）を見ることが、成熟した関係、恋と愛の違いだと表現されることがありますが、インターナルレターが目指すのも、まさにそうした関係性を会社と社員の間に築くことです。

「引き寄せる」対象は社員であり会社でもある

インターナルレターの第三の目的は「引き寄せる」です。

心理学では、モチベーションを外的なものと内的なものとで区別して扱います。外的な動機づけは「インセンティブ（誘引）」と呼ばれ、内的な動機づけは「ドライブ（動因）」です。

半世紀にわたる研究や実験から、インセンティブは視野を狭め、時に創造性を阻害することがわかっています。とりわけ、機能的固着を乗り越える必要がある課題――固定観念を外し、新たなものの見方やアイデアが解決に不可欠な課題、通称「ロウソク問題」――に対しては、顕著にネガティブな影響を与えます。[*1]

ではなぜ未だにインセンティブ信仰がビジネス界に蔓延しているのかといえば、単純作業では有効だからです。前述のとおり、インセンティブは視野を狭くします。別の側面から見れば、それは一点に集中するということ。単純なルールや答えが存在する、つまり成すべきことが明確な場合、インセンティブは効果を発揮します。

要するに、インセンティブは人間を機械のように動かしたい場合には有効だということ。ゆえに、従業員を単純な労働資源とみなす経営者ほど、インセンティブで問題を解決できると考えがちです。

しかし、現代のクリティカルなビジネス課題は、例外なく解決に多様な創造性を必要とします。目の前にニンジンをぶら下げて走らせるインセンティブ方式との相性は最悪でしょう。

ではどうするか。

ドライブ（動因）――内的動機づけしかありません。

誰に言われずとも自分を動かす原因、それがまさしく「ＷＩＬＬ」であり、社員一人ひとりのＷＩＬＬをアクティベートできるかどうかに、企業並びに日本社会の未来がかかっているということは、第二章で述べたとおりです。

＊1　ダニエル・ピンク（大前研一訳）『モチベーション3.0 持続する「やる気!」をいかに引き出すか』講談社、2010

インターナルレター第三の目的「引き寄せる」は、社員を会社に引き寄せるだけでなく、社員自らが仕事やプロジェクト、会社を「自分ごと」として引き寄せるという意味でもあります。会社を、仕事を、自分のもとに引き寄せることで、せっせと薪（やる気）を燃やしてモチベーションを上げようとするのではなく、自分の課題、自分の人生として集中してもらう。

正確な情報伝達よりも「そろえる」「つながる」「引き寄せる」ことを目的として発信される、企業から社員に向けた人間性の高いメッセージ（手紙）である——というインターナルレターの「Ｗｈａｔ」の解説が済んだので、次は「Ｗｈｙ」のなぜ今インターナルレターかについて見ていきましょう。その後、実際にどのように書けばいいのかの「Ｈｏｗ」へと進みます。

Letter 02

大企業で発信され始めているインターナルレター

インターナルレターが導入される3つの理由

インターナルレターなんて、聞いたことがない。

本書を手に取っていただいたほぼすべての方がそう思っているでしょう。しかしそれは当然で、インターナルレターは文字どおりインターナル（内部）でのみ発信、公開されるものであるため、外部の人間の目に触れる機会は皆無だからです。

社内で目にしたことがあったとしても、わざわざ「これはインターナルレターです」と銘打って発信されるわけではなく、またそもそも「インターナルレター」という名称自体僕が生み出した造語ですから、聞き覚えがなくても仕方ありません。

ですが事実として、日本たばこ産業（以下、ＪＴグループ）を筆頭に、大手通信会社、誰もが知る有名コンサルティングファームからテレビ局まで、多種多様な大企業、中堅企業でインターナルレターを作成し、発信のお手伝いをしてきました。そしてその度に、担当部署や担当者の皆さんとインターナルレターの確かな手応えを実感しています。

ではなぜインターナルレターは大企業を中心に発信され始めているのか。

率直に言えば「ニーズがある」「効果がある」「簡単だから」です。

企業規模が大きくなるほど、パーパスの浸透や経営計画の理解、共感という課題に経営層や担当部署は頭を抱えています。そこにリモートワーク化の急激な進行が追い討ちとなり、以前に増して会社や仕事に関する「想い」の共有シーンが減りました。

こうした状況の打開策を模索していたという背景（ニーズ）は、多くの企業で共通します。

イノベーションが起きづらい社会を迎え、システムが生み出すお金が少なくなった、そのため企業は新たな競争力を得るため社員に対しより積極的に「答えのないゲーム」に参加してもらう必要性が出てきた、といった構造的理由については前章までに解説してきたとおりです。

そしてインターナルレターを発信すると、九分九厘なにかしらの手応えが感じられます。「急にどうした」「いつもと違う」「なにこれ」といった異質感を生み、「ちょっと感動した」「本気が伝わった」「言っている意味がやっとわかった」とこころが動かされる人が現れます。明確に口や態度に出す人ばかりではありませんが、空気の変化には気づくはずです。

これまで幾度となくインターナルレターを出してきましたが、出さなければよかった、出して失敗した、という経営者、担当部署からのフィードバックは一度もありません。期待したほどの効果が得られなかったことはあるかもしれませんが、基本的にはすべてのインターナルレターは出して良かったと受け止められており、出す効果や意義は、出すリスクやデメリットを常に上回っています。であるならば、出さなければ損です。

なにより、お金がかかりません。

導入に際し、特別な要素はなにもないのです。発信メディアとして社内イントラがある企業がほとんどですし、チャットツールの導入もリモートワーク化により増えています。デジタルに弱い企業でも、最悪メールで一斉送信してしまえば事足ります。

インターナルレターは見た目（デザイン）もそこまで重視しませんので――もちろん、デザインの力を活用できるに越したことはありませんが――、文章が書ければ（質はともあれ）誰でも出せます。

僕のようなライティングのプロに依頼すれば費用は発生するものの、テキストコミュニケーションが主流の現在、本書で紹介するポイントを抑えれば内製化も難しくないはずです。

さらに発信の機会を探す必要もありません。インターナルレターはそもそも単体で出すものではなく、なにかしらの発表や通知に添えて、その意義や理解を深めるためのもの。そうした機会は社内にいくらでもあります。

必ずしも常に全体に向けて発信しなければならないわけでもありません。限られたプロジェクトの参加メンバーや特定の部署だけを対象に、試験的な実施で構わないのです。

そうした意味においても、非常に「簡単」だと言えます。

大多数の日和見的な中間層を引き上げる

社員と会社の関係は、一般の人間関係と同様に、放っておいたからといって自然に良くなるものでも深まるものでもありません。印象的なコミュニケーション、個を意識したやりとりが不可欠です。

一方で、そうした接触や能動的な関わりを面倒に感じる人がいることも理解しています。

実際、インターナルレターを出したからといって、数千人、数百人どころか、数十人を対象にしている場合でさえ、全員を感化させられるわけではありません。

それでも、わずか五パーセントでも、一パーセントでも、伝わる人、変わる人がいれば儲けものではないでしょうか。なにもしなければ、そうした変化はゼロなのですから。

262の法則や343の法則をご存知の方も多いと思います。どちらも組織内における人材比率に関する傾向で、大雑把に言ってしまえば意欲やパフォーマンスが高い人材と、意欲やパフォーマンスの低い人材は共に少数で、残りの半数前後は中間的な人材であるというもの。

問題は、最も人数の多い中間層が上と下、どちらに傾くかです。262も343も、この世界を統べる絶対的な法則ではありませんから、現実にはその時々で流動します。

元々会社に対して良好な関係を築いており、意欲的なグループにはインターナルレターは特別必要ありません。インターナルレターを出す意味が最もあるのは、一番層の厚い日和見的な中間の人たちです。

下に落ちそうな彼ら／彼女らを上に引き上げる、そうした空気を社内に醸成する点において有効な手立てとなります。

現実的な収益の観点からインターナルレター不要論を唱える声もあるかもしれません。心理的なつながりよりも、誰がやっても儲かる仕組みやビジネスモデルの方が重要だという意見はもっともです。しかしながら、ではその仕組みを考えるのは一体誰なのでしょうか。

経済全体の成長期とは異なり、現代は経営層も移行すべきビジネスモデルに対する明確な答えを持ってはいません。中小企業であれば、社長一人ががむしゃらに頑張ればなんとかなるとしても、ある程度以上の企業規模ではそうはいかないでしょう。

そうしたとき、中堅企業、大企業の圧倒的な強みは人材の厚さです。組織内の人からどれだけの価値を引き出せるのか。そこに未来がかかっています。人的資本経営の文脈に当てはめても、人の価値を信じ、人の価値を高め、人から価値を最大限に引き出すためには、なにより本気になれる仕事、本気を出したいと思える会社である必要があります。

その架け橋となるのは、結局のところ人のこころであり、インターナルレターはこころのやりとりをアシストするからこそ意味があるのです。

企業やプロジェクトの成功を左右する要素

インターナルレターは、自社の状況を知るリトマス試験紙の役割も果たします。

普段とは違う「体温を感じる文章」を読んだ社員や社内の反応から、施策や制度、プロジェクトに対する温度感を知ることができるのです。インターナルレターの内容を話題に、上司と部下、同僚同士での対話（コミュニケーション）のきっかけにもなります。

また、インターナルレターのリアクションが予想に反するものであった場合には、早期に別の施策（対策）を企画、実行することもできます。

あえてインターナルレターの難点をあげるなら、エモーショナルな文章を書こうとしてここころにも思っていないこと、上っ面なことを書いたとしても、簡単にばれてしまうこと。相手は大人です。一対一のコミュニケーションと同様に、表面的な言葉、飾った偽りのメッセージは通用しないどころか、むしろ不信感を抱かせるため、正直に伝えたい想いがないのであれば、なにもしない方がましです。

こちらの意図が相手にどう伝わるかわからない点も考慮しなければなりません。言葉や文章の受け取り方まではコントロールできないからです。

思ってもいないことを伝えて逆に反感を買う、どう受け取られるかわからない、というデメリットも、しかし見方によっては機会にもなります。

メッセージの内容を練る段階で、自分自身、あるいは部署の仲間同士で、改めて施策や計画、プロジェクトの意義や意味について問うことになりますし、下書きした原稿を率直な意見をくれる何人かに先に見てもらうことで、さまざまな視点からの感想を得てブラッシュアップすることができます。そうしたプロセスは社内に存在する多様な価値観、視座、パーソナリティに気づくきっかけにもなるでしょう。

インターナルレターは読む側だけでなく、それ以上に書く側にとっても、気づきや変化を与えるものなのです。

前章のＷＩＬＬを解説したパートで、「成功とは、他人が自分のためになにをしてくれるか」だと言いました。

これはそのまま企業にも当てはまります。

社会的存在価値という意味における企業の成功は、その構成員である社員一人ひとりが会社のためになにをどこまでしてくれるのかで決まるものです。

人的資本経営について経済産業省は、「人材を「資本」として捉え、その価値を最大限に引き出すことで、中長期的な企業価値向上につなげる経営のあり方」だと定義しています＊1。

人材から価値を最大限に引き出すというコンセプトを否定はしません。

しかしながら、経営資本としての「人」と「人以外」には決定的な違いがあります。それは「会社のためになにをするか、どこまでするか」という想いの有無と、それらがもたらす創造性や価値の増減です。

プロジェクトワーカーとして数多のプロジェクトに参画してきた経験から、プロジェクトの

＊1　「人的資本経営　～人材の価値を最大限に引き出す～」経済産業省、www.meti.go.jp/policy/economy/jinteki_shihon/index.html　2023年6月11日閲覧。

成否は「このプロジェクトや仲間のためなら、いくらでも骨を折る」とメンバー同士がどれだけ想えるかに大きく左右されるものだと断言できます。

インターナルレターが会社を救うわけではありません。けれどインターナルレターによって、「もうちょっと踏ん張ろう」と仕事や仲間のために骨を折る社員が一人でも二人でも増えたなら、会社はきっと変わります。新しい未来が生まれます。

人を諦めない。人を信じる。そういう会社でこそ、インターナルレターは真価を発揮し、間違いなく変革を後押しします。

Letter 03

門外不出のインターナルレター他社実例

インターナルレター実例1

具体的なインターナルレターの書き方に入る前に、まずは実際に企業内で発信された内容を実例としてご覧いただきましょう。

前述のとおり、インターナルレターは本来部外者の目に触れるものではないため、他社の事例を参照することが不可能です（トヨタの「トヨタイムズ」などは社内のみならず、オープンに公開されていますが、一般の方にも見てもらえる内容と（一部の）社員向けだからこそ出せるメッセージにはやはり差があるはずです）。

しかし、本書のために参考として創作したものではリアリティに欠け、例として不十分なため、今回は僕が発信をお手伝いさせていただいた企業から特別な許可を得て掲載させていただくことができました。

実例1と実例2のインターナルレターは、それぞれ二〇二〇年と二〇二二年にＪＴグループ内の若手から中堅社員を対象に行ったカルチャー変革プロジェクトにおいて、参加メンバーに向けて僕が担当者の想いをヒアリングして作成し、事務局名義で実際に発信したものです。[*2]

＊2　具体的なプロジェクト名のみ変更してありますが、それ以外は原文のままです。実例2（第5章での実例3）も同様。

■インターナルレター実例１

チャンスを与えたいんじゃない。私たちにこそ、もう一度チャンスを。

――PJT開催に向けて――

知っています。裏切ったのは、私たちだということを。

「挑戦しろ」「失敗してもいいから、新しいことを」「アイデアはどんどん言ってほしい」……そんなメッセージを発信しておきながら、いざ声を上げたとき、行動に移そうとしたとき、私たちはあなたを「がっかり」させてきたのではないでしょうか。

もっといい仕事がしたい。もっとみんなの役に立ちたい。もっと誇りを持ち、胸を張って「私の仕事はこれだ」と言える仕事がしたい。このメッセージを読んでいる他のメンバーも、同じ想いを持った人たちです。

なのに、具体的な行動に出ていないのは、JTが変わっていないのは、私たちが過去にあなたを（もしかすると何度も）失望させたからだと思います。「どうせ変わらない」「言っても仕方ない」「挑戦しろと言いながら、うまくいかなかったら評価されない」そう思わせてしまったからかもしれません。

図々しいお願いですが、私たちにこそ、チャンスをくれませんか。もう一度だけ、信じてもらえませんか。あなたが変わる後押しを、させてもらえませんか。

あなたとの絆を取り戻し、あなたが「力」を取り戻す。そのための機会に本プロジェクトを企画しました。

かたちにしたい景色

●勝手に人と人がつながって、勝手に企画を通そうとする
●いろんな物事をクイックに自分で動かせる
●既存の価値観や勝ち筋にとらわれず、自分で考え変えていく
●チャレンジが文化となって、それを称賛する風土がある

私たちが実現したいのは、こんな景色です。こんなJTです。そのために、最初はマネジメント層に向けて、研修を繰り返してきました。マネジメント層が変われば、JTも変わるのではないかと考えたからです。

次に、希望者を社外のセミナーや研修に積極的に送り出しもしました。視野を広げ、外からの刺激を受ければ、何か変わると思ったからです。

それでもJTを変えるには、まだまだ力が足りません。これまでの取組みに加え、これからのJTを担うあなたの熱意と情熱、夢を現実にしようとする意志、そのための具体的な一歩、それらが一体となり、初めてJTは変化に向けて走り出します。また、社外で刺激を受けて帰っても、孤軍奮闘では剣も心も折れてしまいます。

ではどうするのか？　その答えが「PJT」です。

みんな、みんな、用意しました

やろうと思っても、後押ししてくれない。仲間や協力者がいない。チャレンジしても、成功しなければ評価されずに徒労に終わる……これまではそうだったかもしれません。

でも、もう違います。あなたを全力で後押しします。あなたの仲間を集めました。仮に成功しなくても、チャレンジを称賛する文化を、風土を、制度を、私たちが作ります。だからもう一度、一緒に、今度はみんなで、変わる一歩を踏み出してくれませんか？

戦いではなく、ドミノ倒しを

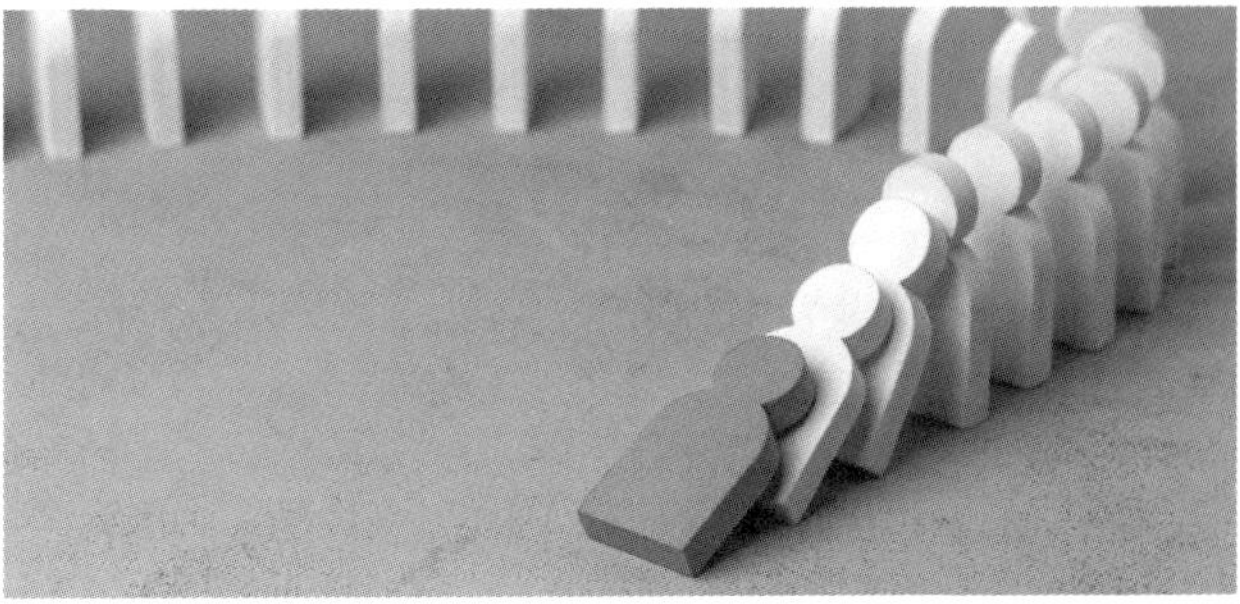

私たちはあなたに「勝て！」「戦え！」と言いたいわけではありません。私たちがあなたに求めていることは、「ドミノ倒し」です。

あなたから始まるドミノ倒しを、やってほしいと思っています。あなたが働きかけることで、ぱたぱたと周りを巻き込み、それが大きな新しい「画」になることを望んでいます。そこに仕事の感動があり、お客様の感動があるはずだからです。

「PJT」は、外部の様々なパートナーも全力で協力してくれます。どうぞ、思う存分、頼ってください。もしあなたが、一歩を踏み出そうとしたときに、

「でも、失敗して面目を損なったらどうしよう」
「目をつけられて、あるいは失敗して、不当な扱いを受けたらどうしよう」
「仕事を失ったらどうしよう」

という不安を感じたとしても、心配しないでください。私たちが必ずあなたを守ります。

最後に

少しは期待していただけたでしょうか。調子のいいことを言って、だとか、信用できない、だとか、思われているかもしれません。それでも、何度だって言います。あなたの耳にタコができても、言い続けます。

私たちは、あなたを諦めない。

絶対にです。「PJT」を楽しみにしていてください。これからのJTをぜひ一緒につくらせてください。あなたと感動できるのを、待ち望んでいます。

――プロジェクト事務局

■インターナルレター実例2

あなたの仕事人生。「上司ガチャ」運に任せるのは、やめません？

——PJT開催に向けて——

道は自分で切り拓く

JTにはハズレの上司がいる……なんて、言いたいわけではありません。

けれど、どれだけ尊敬できる上司に当たっても、仕事であなたの「やりたいこと」ができるかどうかは、別問題。

自分の意見を言わず、主張せず、仕事を上司任せにしていると、私たちの仕事人生は「親ガチャ」ならぬ「上司ガチャ」になってしまいます。

そんなのって、つまらない。

あなたもそう思うなら、声と、腰を、あげましょう？

用意したのは、自分で経験して気づく場

このプロジェクトは、フリーライドして何かが得られる場ではありません。動いたら動いた分だけ、経験を積んだら積んだだけ、費やした時間が何倍にもなる、そんな「主体の」場です。

ここには、決まった答えはありません。「正解」をジャッジする評価者もいません。あなたが、「**JTで、あなたらしく、なにがしたいのか？**」をセットして、突き進む。

達成したいことは、それだけです。その原動力を、このプロジェクト「PJT」では「**WILL**」と呼んでいます。

夢が小さくなる大人

子どもの頃の夢はプロ野球選手。それが高校生になると甲子園

出場。大学生になったら野球部の一軍に入ること。大人になったら仲間と草野球をときどきできたら……。

大人になった私たちは、子どもの頃と比べ物にならないほど、知識を得て、経験を重ね、専門的な技術も持っています。それなのに、夢が、やりたいことが、小さくなっている人ばかりにも見えます。

「やりたいこと・WILL」を語るのは、恥ずかしいですか？**「PJT」は、あなたの「WILL」を全力サポートする場です**。楽しみながら、実行に向けて本気でアクションする場です。

あなたの「JTでのWILL」を、ぜひ、教えてください。まだピンと来ないなら、なんだろうなと、思いをめぐらせてみてください。

ぶっ壊しちゃいましょう

今、私たちが享受しているJTのさまざまな環境は、**過去の先輩たちの「WILL」によってつくられたものです**。彼らは彼らの「WILL」によって、いいJTをつくってきました。でもそれが、いま私たちにとってもいいJTでしょうか。

VUCAやコロナ禍に代表される社外の変化はもちろんのこと、社内でも、JTとJTIがOneTeamとなる大きな変化が起こっています。これまでの常識が通用しない世界、次世代のJTへの過渡期に私たちは足を踏み入れています。

もし、これからのJTに引き継がなくていいものがあるのなら、ぶっ壊しちゃいましょう。あなたは、あなたの「WILL」を突き進んでください。それが結果的に、JTを進化させ、次のいいJTをつくることになるはずです。

一番望んでいないのは、現状維持。ひとりではできないと思っても、大丈夫。**「PJT」は個人を主体としたチーム活動です。仲間がいます。仲間とJTの未来をつくる。そういうプロジェクトです。**

不安なく挑戦できる誓い

「PJT」は、内部の私たち事務局だけでなく、外部のさまざまなパートナーも全力で協力してくれます。どうぞ、思う存分、頼ってください。もしあなたが一歩を踏み出そうとしたときに、

「でも、失敗して評価が下がったらどうしよう」
「目をつけられて、面倒なことにならないかな」

「今の仕事やポジションを失ったらどうしよう」

という不安を感じたとしても、心配しないでください。私たちが必ずあなたを守ります。そして、あなたが諦めない限り、いいえ、たとえあなたが諦めたとしても、**私たちはあなたを諦めません。**

これは、私たち事務局が、これまでもずっと大切にしてきた誓いです。

最後に

一緒に、みんなで、「いいJT」をつくりましょう。「PJT」で、あなたと新しいJTへの一歩を踏み出せることを、楽しみにしています。あなたも、楽しみにしていてください。

ようこそ、「PJT」へ！

――プロジェクト事務局

インターナルレターは会社と社員の関係性の鏡

実際のインターナルレターを読んで、どう思いましたか。

あなたの会社でこうした文章が発信されたら、あなたは、あるいは受け取った社員は、どんな反応をしそうでしょうか。

全員には響かないでしょう。冷めた目で、斜に構えて読み飛ばす人もいるかもしれません。ある程度以上の規模の組織なら、その事実は始める前から受け容れておく必要があります。

それでも、こちらが真剣な想いで書いたなら、同じ熱量で受けとめ、向き合ってくれる人もいる。それを信じられないなら、インターナルレターを出す意味はもはやありません。

経営者や部署の想いを込めたインターナルレターを出したとき、社内はどんな雰囲気になるか。火がついて、盛り上がりそうでしょうか。それとも無視されるでしょうか。

その反応が現在の会社と社員の関係性です。

関係性を変える。縁起を変える。それが世界を変える、未来を変えるすべてです。

とはいえ、いざ実物のインターナルレターを見てみたら、あんな文章は到底自分にも、他のメンバーにも書けそうにない。そう思われたかもしれませんが、心配は無用です。

先ほど読んでいただいた二本のインターナルレターは、プロジェクト事務局の伝えたい想いをヒアリングして、僕が代筆したもの。言ってしまえばプロのライターが書いた文章です。

このクオリティを目指す必要はありません。

リモートワークや副業、多拠点でのワークスタイルが普及した結果、僕らの仕事は過去に類を見ないほど「文章を書くこと」に費やされています。

毎日ただ書いていれば上達するというわけではないものの、それでも一般的なビジネスパーソンは概ね最低限度の文章力を備えているはずです。

インターナルレターの執筆に足りないのは、後に紹介するいくつかのテクニックとフレームワークだけ。本書を読み、実践すれば十分に身に着けることができるものばかりです。

大切なのは、偽りのない想い、相手の理解、そして伝える順序。

文章力や語彙力、ライティングのセンスなどは、それらに比べるとフレーバー程度の重要性しかありません。

ではいよいよ、実際にインターナルレターを導入する方法（ＨＯＷ）へと進みましょう。

Letter 04

今日からできるインターナルレターの始め方

「サブコピー」と「追伸」からまずやってみる

インターナルレターの導入方法には二パターンあります。

実例で紹介したような、完全なインターナルレターと、部分的なインターナルレターです。

まずは今日からでもできる、部分的なインターナルレターから始めてみましょう。

ずばり、「サブコピー」と「追伸」のみ変更・追加すればいいだけです。

インターナルレターは「レター本文」と「詳細情報」の二部構成で発信され、単体で出すことはあまりなく、なんらかの連絡事項と合わせて出すと述べました。

しかし、部分的なインターナルレターの場合、レターパートはわずか数行のため、メッセージの主旨となる詳細情報に組み込むかたちになります。

メールでの情報伝達を想定した場合、通常の事務的な件名に、パーソナルな一言を追加することができないか検討してみましょう。

例えば、研修に関するリマインドメールを参加者宛てに送る場合、このように件名をアレンジするだけです。


【通常のメール件名】
※要確認 ◯◯月△△日の研修に向けて

【サブコピーを追加したメール件名】
※要確認 ◯◯月△△日の研修に向けて（知恵を貸してください）

たったこれだけで、「えっ、なに？」というアテンションを相手から引き出すことができるかもしれません。事務的な連絡だと読み流すのではなく、興味や好奇心を持って謎のメッセージの「答え（意味）」を見つけようとするでしょう。

その「答え」を本文の最後、メイン情報を伝え切った後に「追伸」として書くのです。

追伸はメインキャッチの次に読まれる超重要エリア

主に文章だけで商品やサービスを販売するセールスライティングの世界では、文末に添える言葉（追伸・最後に）が、メインキャッチの次によく読まれると言われています。

数十年前、紙でのダイレクトメールが主流の時代から囁かれてきたことですが、ウェブサイト全盛の時代となりヒートマップと呼ばれる分析ツールで訪問ユーザーの行動を確認しても、実際にページ最下部の「追伸」は本文の中間パートより熟読率が高い傾向にあります。

ブラウザ上では特に、素直に上から順々に読むのではなく、ざっと全体像を把握するためにスクロールして、気になる部分があれば戻って読む、という読み方がオーソドックスです。また、途中まで読んだものの、面倒になってそこから一気にページをスクロールして最後まで駆け抜ける場合も少なくありません。

どれだけ乱暴にページをスクロールしようと必ず最下部で止まるため、そこに書かれている追伸はその他のパートよりも目につく確率が高く、読まれる場合が多いというのは、実感としても十分に頷ける話です。

書籍でも、本文は飛ばしたものの「あとがき」は読む、という人は相当数います。

「あとがき」だろうと「追伸」だろうと、ポイントは一目でそれとわかること。要素として独立している、デザイン（背景色やフォント）が違うなど、誰が見ても明らかに本文とは異なるセクションであると直感的に判別できることが重要です。

社内メールの例に戻れば、本文の文末にいくつかの改行を入れる、連続した記号で区切るなどして、追伸ブロックを独立させます。

また、これは本文ではない、ということを強調するために、文字でも「追伸」と明示するようにもしましょう。そうすることで、あくまでもパーソナルな言葉、個人的なメッセージであることを暗に伝えることができます。

例えば先ほどのメール、

【件名】

※要確認　◯◯月△△日の研修に向けて（知恵を貸してください）

であれば、本文にはこれまで通り必要事項を記しつつ、本文の最後に少し行間を空けて、次のようなメッセージを添えてもいいかもしれません。

追伸‥

実はこの研修は、わたしが企画して、やっとの思いで実現しました。

ＡＩ時代の創造性がテーマですが、正直会社にも答えがありません。

だから、あなたの知恵を貸してもらえませんか？

一緒に頭に汗をかき、未来を創る時間になることを願っています。

研修事務局　井手

日時、場所、持ち物や注意事項などの事務的なリマインドメールの文末に、こんなメッセージがあったならどう思うでしょうか。

不必要な文章だとネガティブに捉える人はほぼいないはずです。悪くてせいぜい無視されるだけ。引き換え、一人でも二人でも、面倒くさいと感じていた研修に前向きになったり、俄然興味を持ってやる気になってもらえたなら、儲けものどころか長期的観点からは会社や社員個人にとってどれほどのインパクトがあるか計り知れません。

かかったコストは、わずか数行、余計に書いた文章だけ。

これ以上に費用対効果の高い社内改革は他にないはずです。

気楽に使う、ここぞというときに使う

部分的なインターナルレター、これならすぐにできるかもしれない。

そう思っていただけたのではないでしょうか。それに件名を少し変更し、本文の最後に追記を加える程度であれば、頑固な上司を説得したり、反対勢力と争う必要もありません。

メールを例にとりましたが、現在は社内コミュニケーションにチャットツールを使用している企業も増えています。チャットの場合も基本構造は同じです。

そもそも件名がない、変更すると違和感がある場合にはそのままにして、主メッセージの後に「追伸」もしくは「追記」を足すだけでも構いません。

そのとき、同じメッセージに入れ込んでもいいですが、「追伸は一目でそれとわかるように独立させるべきである」の原則に従って、あえて別メッセージとして自分のチャットの返信として付記する手を僕はよく使います。

その際にも、やはり「追記：」と書き始めたほうがわかりやすいです。

よし、部分的なインターナルレターならすぐに始められそうだ、と思っていただけたなら、次の問題は「いつ」やってみるのかになります。

本章の冒頭で、インターナルレターの3つの目的は「そろえる・つながる・引き寄せる」だと解説しました。そのため使用シーンは、視点をそろえたいとき、同じ目標やビジョンを共有してつながりたいとき、自分ごととして引き寄せてほしいときならいつでもです。

ここぞというときに完全なインターナルレターを添えることで、本気度を伝えるのも効果的ですが、部分的なインターナルレターは気楽に使うことをお勧めしています。

社員が慣れてしまって、効果が逓減するのではないか、と危惧されるかもしれません。

確かに、インパクトやアテンションは日常的に発信するうちに徐々に落ちていってしまうでしょう。けれど、これまでメールやチャットでは事務的な連絡事項のやりとりしかなかった会社で、「想い」の共有をメッセージに添えるカルチャーが当たり前になったのであれば、むしろ非常に歓迎すべき変化と言えるのではないでしょうか。

Letter 05

インターナルレターが企業の若手・中堅を救う

どれだけ不満を解消してもエンゲージメントは上がらない

本章の締めくくりとして最後に一つ、インターナルレターの導入について別の角度からメッセージをお伝えしたいと思います。

現代の、特に若手や中堅が会社に求めているものは「不満の解消」ではなく「不安の解消」であるという話です。

二〇一五年の若者雇用促進法の施行により、新卒採用を行う企業には自社の月平均残業時間や有給休暇の平均取得日数、早期離職率、管理職における女性割合などの情報（青少年雇用情報）提供が事実上義務付けられました。*3

また、二〇一九年には大企業を対象に、二〇二〇年からは中小企業も働き方改革関連法により労働時間の上限規制が施行されています。*4

＊3　「青少年の雇用の促進等に関する法律（若者雇用促進法）について」厚生労働省、https://www.mhlw.go.jp/stf/seisakunitsuite/bunya/0000097679.html　2024年1月8日閲覧。

＊4　「「働き方改革関連法」の概要」厚生労働省、https://jsite.mhlw.go.jp/aichi-roudoukyoku/jirei_toukei/koyou_kintou/hatarakikata/newpage_01128.html　2024年1月8日閲覧。

さらに、二〇二〇年には大企業、二〇二二年からは中小企業でも労働施策総合推進法（パワハラ防止法）の改正で、パワーハラスメント、セクシャルハラスメントの対策が義務化されました。[*5]

こうした法整備により、雇用主と求職者のミスマッチが減少し、働き手のエクスペリエンスが向上すること自体は、年齢性別を問わず良い社会変化だと言えます。

では、前述の働き方改革関連法が大企業に施行された二〇一九年以降、「不満の解消」により日本の従業員エンゲージメント率が向上したかといえば、むしろポイントを下げています。ギャラップ社の二〇二三年度版の調査によると、日本で企業にエンゲージメントしている社員の割合は二〇一九年にはわずか五パーセント。その後も、二〇二二年まで四年連続で過去最低を記録しつづけています。[*6]

二〇一九年以降といえば、新型コロナウイルス（COVID—19）の影響もあるのではないか、と思われるかもしれません。

国内で最初の感染患者が発生したのは、二〇二〇年の一月です。[*7]

その後、全世界的なパンデミックへと発展していきますが、グローバルにおける従業員エンゲージメントのポイントは二〇二〇年に一度低下するものの、その後また右肩上がりで上昇し、

＊5　「職場におけるハラスメントの防止のために（セクシュアルハラスメント／妊娠・出産・育児休業等に関するハラスメント／パワーハラスメント）」厚生労働省、https://www.mhlw.go.jp/stf/seisakunitsuite/bunya/koyou_roudou/koyoukintou/seisaku06/index.html　2024年1月8日閲覧。

＊6　「2023年版 ギャラップ職場の従業員意識調査：日本の職場の現状」Gallup, Inc.、2023

二〇二二年にはコロナ前の水準を上回っています。つまり、コロナによるワークスタイル、ライフスタイルの変化が従業員エンゲージメントに与えた影響は非常に限定的であるということです。

なぜこれほど労働環境が改善され、社員にやさしい会社になってもエンゲージメントは高まらないのか。論理的に考えて、問題と解決策が合致していないから以外にありません。

聴くマネジメントは不安には無意味

職場で「不満」になりうる要素、言わば衛生要因は法の圧力もあり年々改善傾向にあります。

エンゲージしている従業員の割合（%）

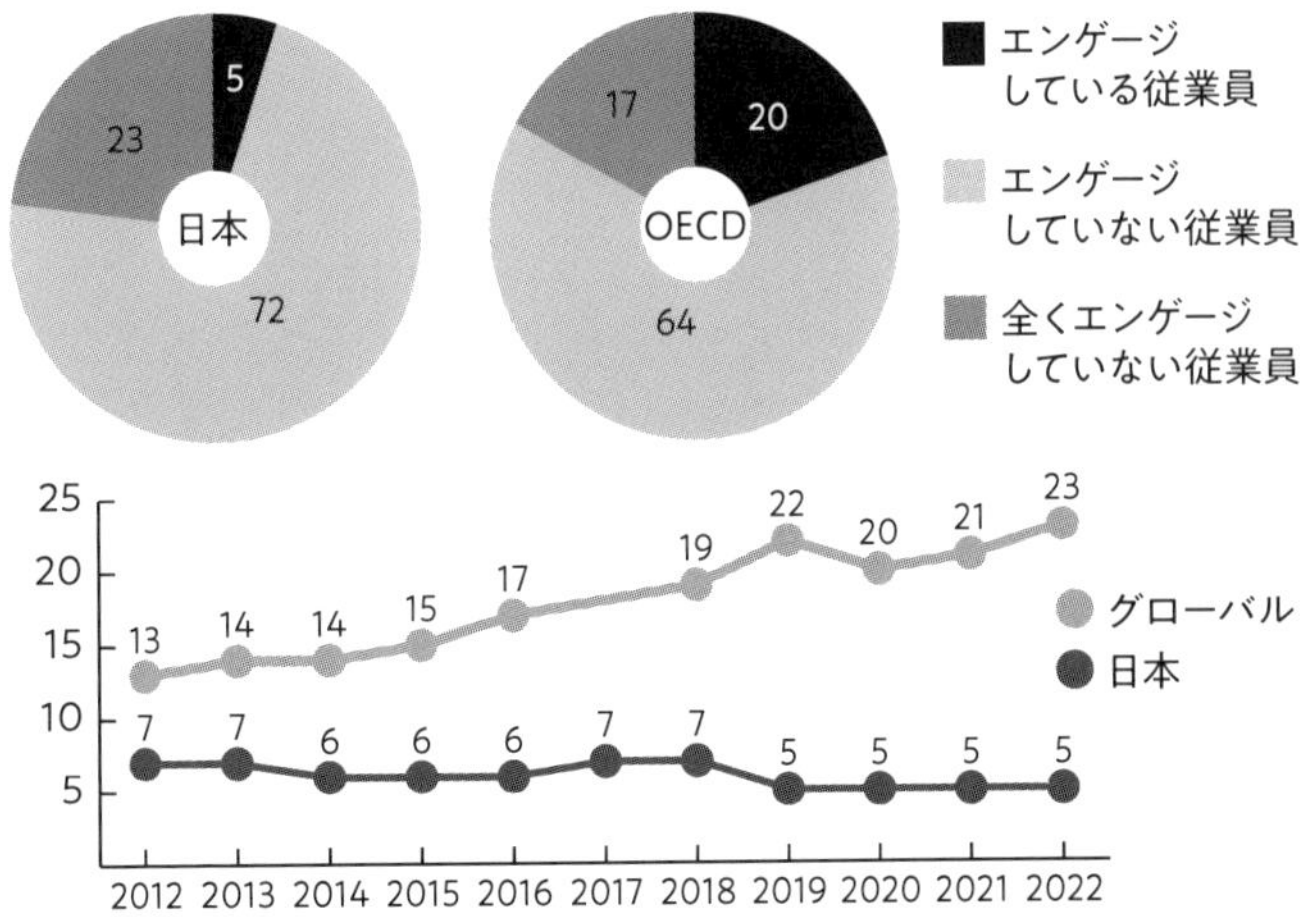

＊「2023年版 ギャラップ職場の従業員意識調査：日本の職場の現状」Gallup, Inc.、2023　より引用

＊7　「新型コロナウイルスに関連した肺炎の患者の発生について（1例目）」厚生労働省、https://www.mhlw.go.jp/stf/newpage_08906.html　2024年1月8日閲覧。

各企業内でも自主的に職場環境を良くし、社員のエンゲージメント率向上に尽力しています。それでもエンゲージメントが上がらない現況に、担当者は「一体なんの不満を解消すればいいのか」と頭を抱えているのではないでしょうか。

社員から具体的な声を聞き出すために、1ON1と呼ばれる個別対話の機会を設けている企業も少なくありません。また近年「聴く（傾聴）」マネジメントスタイルが流行しています。ですが、エンゲージメント率の向上に関して言えば、その有効性には疑問があります。

なぜなら本節冒頭で述べたように、現在浮上している企業と社員間での問題の根底にあるのは、「不満」ではなく「不安」になってきているからです。

さまざまなプロジェクトを通して、大企業や中堅企業の二〇代半ばから三〇代前半の方々と関わる機会があります。彼ら／彼女らとざっくばらんに話をすると、多くは職場環境や福利厚生、業務負荷に対して大きな不満を持ってはいません。

しかし一方で、大多数が今後のキャリアについて悩みを抱えており、「このままここで働きつづけるのが正解かどうかわからない」と言い、転職を視野に入れていることを打ち明けます。

「不満」とは、現在から過去の時間軸のなかで感じた欲求です。

「不安」とは、現在から未来の時間軸のなかで感じる恐れです。

社員の話を聴くことは、「不満」のマネジメントとしては効果を発揮するかもしれません。けれど、どれだけ真摯に傾聴に徹しようとも、それで「不安」が解消されるのかといえば、僕にはノーに思えます。*8

不安は未来に対するネガティブな予感や漠然とした恐怖です。自分のなかに頼りになる指針や答えがないからこそ、それらは肥大し、こころを曇らせます。不安を抱く相手の話をどれだけ聴き、質問によって答えを引き出そうとしても、そもそも本人にはパズルのピースが足りないのです。

この場合のパズルのピースとはなにか。

情報です。

不満と不安の違い

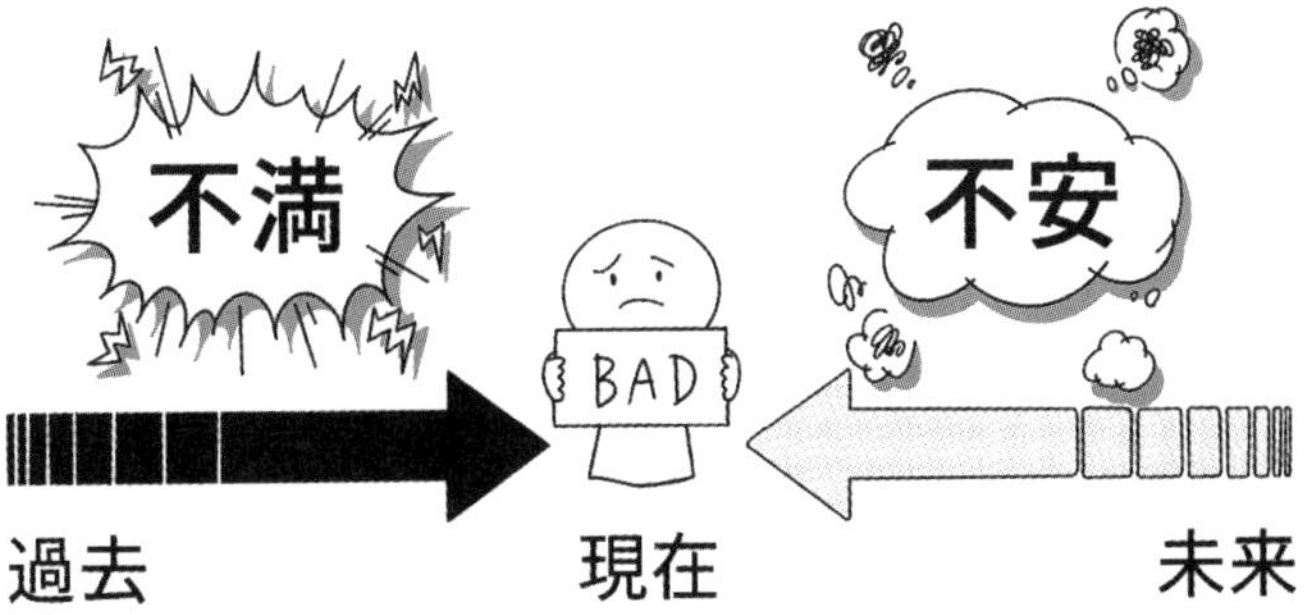

*8　「聴く」だけでなく、相手（社員）が携わっている仕事の意義を伝える対話、本人の自覚できていない、自身の「WILL」と現在の仕事とのつながりを解きほぐしてあげる対話には、大きな意味があると思っています。

キャリアに不安を抱える社員への特効薬

僕が二〇一五年に法人化した際、政策金融公庫から創業融資として七年返済で四〇〇万円の借り入れを行いました。人生ではじめての借金で——実際には月五万円程度の返済に過ぎないわけですが——、もし事業が上手くいかず返済が立ち行かなくなったらどうしようかと漠然とした不安に襲われたことを憶えています。

しかしそのことを当時お世話になっていた起業家の先輩に吐露したところ、「いざとなれば、一万円ずつ返せばいいんだよ。別にサラ金とか闇金から借りたわけじゃないんだし。俺なんて何十億借金あると思ってんの」と笑って言い、借金と返済に関するいくつかのエピソードを話してくれました。そして最後に「それにイデ君は優秀だからさ、仮に借りたお金が全部なくなったとしても、月に生活費プラス五万なんていくらでも稼げるよ」と。

後半の言葉は勇気づけですが、こうしたメッセージに僕はずいぶんと救われ、「そうか、そうだな」と納得したことで、みるみる不安は霧散しました。

このとき、代わりに家族や仲間がどれだけ僕の話に耳を傾け、言葉を引き出すように聴いてくれていたとしても、大して不安は解消されなかったと思います。

「不満」があるときは話を聴いてもらうこと（アウトプット）を望みますが、「不安」なときは逆に未来の解像度を高める情報提供／情報共有（インプット）が救いになるのです。

「不安とは現在から未来の時間軸のなかで感じる恐れ」だと述べました。恐れの本質は「わからない」ことです。なぜ暗がりで人の気配を感じると恐いのか。なにが起こるか「（未来が）わからない」からです。それが知人だと判明すると、なぜ途端に安心するのか。危険なことは起こらないと「（未来が）わかる」からです。

今の若手や中堅は、会社に不満はないが不安がある。なぜか。未来に対する解像度が荒いからです。ロールモデルが見つけられず、キャリアプランを描けないからです。かといって会社サイドも訴訟や辞職を恐れて本人に強い負荷を——時には必要な負荷でさえ——かけることを躊躇い、結果として職業人としての経験も、成長実感も得られない。在職年数は増えるも未来は一向に鮮やかになっていかない。

こうした負のスパイラルが「不安」をますます募らせていく。そして「この仕事はわたしを幸せにしてくれない」と会社を信じられなくなり、エンゲージメントの低下につながっている——というのが僕の解釈です。

この患者への処方箋はなにか。

不安に対する特効薬は。

——情報です。

未来の解像度を高め、判断材料を増やすインプットです。不満のマネジメントが話を聴くことであるならば、不安のマネジメントは積極的にメッセージを発信すること。

そして、「WHY（なぜ）」にきちんと答えることです。

意図を伝え、未来を描き、期待を言葉にする。課題を共有し、可能性を示し、力を合わせて実現しようと先導する。

ハラスメントだと訴えられるリスクに怯え、強いメッセージを発信できないでいる経営層や管理職こそ、インターナルレターを手段として活用し、社員の不安をほぐす情報をどんどん伝えてあげてください。言うまでもなく、メッセージの受け取り方も、得た情報をどう判断するのかも、決めるのは彼ら／彼女らですが、そもそも必要なインプットが不足している状況を一刻も早く解決してあげるべきです。

ではいよいよ次章から、本格的にインターナルレターの書き方を学んでいきましょう。

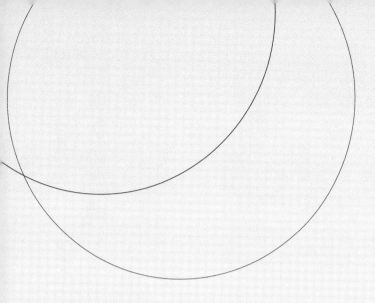

CHAPTER 04

即レターが書ける
秘密のフォーマットと９つの質問

Letter 01

社員のこころを動かすレターになる魔法の質問

インターナルレターも準備8割

二十世紀最高のスポーツ指導者と賞賛されるジョン・ウッデンは、選手たちに常々こう言っていたそうです。

「準備をしそこなうことは、しそこなう準備をすることだ」[*1]

その他の歴史上の偉人、業界のパイオニアや一流のアスリートたちも「準備」に関して多くの格言を遺しています。しかしエッセンスを抽出すればどれも一緒で、要するに「準備でほぼすべてが決まる」ということ。

インターナルレターの作成も例外ではありません。

企画書や説明資料ならまだしも、自由な文章を書くとなると、学生時代の作文や感想文を思い出し、自分は文才がない、なにも思い浮かばないと苦い記憶が蘇る人も少なくないでしょう。

＊1　ジョン・ウッデン／スティーブ・ジェイミソン（弓場隆訳）『まじめに生きるのを恥じることはない』ディスカヴァー・トゥエンティワン、2000、82頁。

けれど直観的な詩などは別として、目的を持った文章は本来誰にでも書けます。仕事を通じて日々メールやチャットを書いている人なら誰でもです。

なぜメールやチャット、仕事上の資料なら「自分は文章は苦手だ、書けない」と思っている人でも書けるのか。

「内容」と「構成」が決まっているからです。

無数の実践と反復により、無意識のレベルでそれらを理解し、身についているからです。なのでわざわざ準備をしなくともほとんど即興で書くことができてしまいます。ある程度以上の規模の企業に就職したなら、ビジネスマナーとして研修で基礎を学んだから、という人もいるでしょう。そうではなく無手勝流であったとしても、現代社会における僕らの仕事の大半はテキストコミュニケーションを軸に成立していますから、確かな内容と構成に支えられた文章であれば「書けない」という問題は起こりません。

もしそれでも書けないというならば、原因は準備不足です。

言い換えれば、マルチタスク化してフリーズしているということ。

僕らの脳もコンピューターと同様に、タスクの処理が追いつかないとフリーズします。文章を書いていて指が止まるのも、同時に複数の（自分のキャパシティ以上の）タスクを抱えているからです。よくある例が、全体の内容と構成と前後の文章の文脈を考えながら言葉を選んでいる状態。それでもメールの返信などでは詰まらず書けるのは、内容や構成、言葉選びなどの大半が定形化、無意識処理できているからです。

飛び抜けて優秀でない限り、僕らの脳はマルチタスク化すると極端に生産性が下がります。無意識レベルで対処可能なタスクのみ低負荷で並走させることができますが、基本的に意識を大きく割ける対象は一つだけ。

つまり、重要な一つのことだけその場で考え、残りはすでに「考え済み」である状態にすることが、高い生産性を発揮するコツです。

ゆえに、面倒に感じられるかもしれませんが、インターナルレターを書く場合にも、まずはしっかり準備をして挑みましょう。準備に情熱的になる。それが、生産性や効率だけでなく、質を高め、読み手に対する熱伝導率をも高めます。

インターナルレターの準備はシンプルです。

質問に答え、9つあるマスを埋めるだけ。そしてそれらを順番につなげればインターナルレターの骨子が完成します。

部分的なインターナルレターであれば、わずか数行のため特別な準備は不要です。しかし独立した（完全な）インターナルレターを出そうと思うなら、次に紹介する準備は必須です。インターナルレターを書きつづけている僕でさえ毎回必ず実施します。

ではさっそく見ていきましょう。

伝えるべき内容を浮かび上がらせる「9つの質問」

インターナルレターの準備は、一言で言ってしまえば次のシートを埋めることです。9つのマスがあり、それぞれに質問が記載されています。左上の❶番から順に答えを書き入れていきましょう。

❶レターを出す目的は？

会社の計画や方針の理解度を深め、達成に向けて力を合わせたい。あるいはポジティブな面に目を向け、受け容れてほしい。

プロジェクトの意義や背景にある想いを共有し、前向きな気持ちで挑んでほしい。参加への意欲を高めてほしい。選抜されたことを誇りに思ってほしい――など、まずは発信する目的を言語化しましょう。

インターナルレターを出し、社員と能動的にコミュニケーションを取ろうとするのは、現在の状態から別の状態への変化を望んでいるからです。

それはどのような変化なのか。今一度、自分のなかで整理しましょう。

インターナルレターを書くための9つの質問

❶レターを出す目的は?	❷レターを出す相手は?	❸②（とわたし）の痛みは?
❹②（とわたし）の理想が実現した状態は?	❺なにが問題で④が実現できていないのか?	❻なぜ今回は、⑤を解決できると言えるのか?
❼その結果、②（とわたし）はなにを得るのか?	❽わたしが守る約束と、②に対するお願いは?	❾②にどんな内省言語を喚起させたいか?

❷レターを出す相手は？

最大でグループ会社を含めた全社員に対して。

最小では一つの部署や研修・プロジェクトの参加者、新卒や中途採用者に向けてでしょうか。

ここでは特定の個人の名前を挙げるのではなく、インターナルレターを届ける対象者のカテゴリーを記載します。ただし、ある個人を想定した方が書きやすい、カテゴリー内の代表的な人物の顔が浮かぶというのなら個人名でも構いません。

❸②（とわたし）の痛みは？

質問❶と❷は、インターナルレターの準備のさらに前準備でした。❸以降が実際にインターナルレターに書く内容となります。

「②（とわたし）の痛みは？」の②とは、質問❷（レターを出す相手は？）の答えです（以降も同様）。

質問❷で記述したインターナルレターを出す相手（カテゴリーに属する人）が感じている「痛

み」はなんでしょうか？

ここでの「痛み」とは、「恋人がいない／別れた」や「趣味に使える時間が少ない」といったプライベートな悩みではなく、あくまでも質問❶で答えた目的に関連するものです。

インターナルレターを出すのは、受け手に内面的な変化を起こすためだと述べました。では、現在の（マイナス）状態の原因はなんでしょうか。どんな怒りや悲しみ、恐れを抱いていると思いますか。

全社や業界で共有する「痛み」なら、「あなた」ではなく「わたしたち」を主語に考えます。

❹② （とわたし）の理想が実現した状態は？

❸での「痛み」とは、見方を変えれば「理想と現実とのギャップ」です。

では「痛み」を「痛み」と感じるのは、裏にどんな「理想」が隠れているからでしょうか。

「本当はこうありたい／ありたかった」姿や状態があり、そうではない現状との差分が「痛み」であるならば、そのギャップが埋まった世界ではどんな景色が見えますか。

想像したときにわくわくするかどうかがポイントです。

❺なにが問題で④が実現できていないのか？

理想の状態があるのに、それを実現できていないのはなぜか。どんな障害や失敗、背景、理由からでしょうか。

❻なぜ今回は、⑤を解決できると言えるのか？

構造的な問題にせよ、心理的、技術的な問題にせよ、これまで（あるいは前回は）理想を実現できなかったのに、なぜ今回は解決できると言えるのか。

これまでとはなにが違うのでしょうか。

❼その結果、②（とわたし）はなにを得るのか？

❻でこれまでの問題を解決し、❹に挙げた理想を実現する（近づく）ことができたなら、インターナルレターを受け取る相手や組織、会社はどんな価値あるもの／状態を得ることができ

るでしょうか。

物理的な報酬も含まれるかもしれませんが、不安を癒やし未来を輝かせるような、精神的な報酬に目を向けてみましょう。

僕らが得たいものの本質は感情です。それを踏まえて、得られるものがなにか想像力を膨らませてください。

❽わたしが守る約束と、②に対するお願いは？

インターナルレターは通告でもなければ、取引の案内でもありません。想いを伝える手紙です。けれどそこには、相手になにかしらのリクエストが含まれます。

具体的な行動をお願いする場合もあれば、より純粋にこのメッセージを受け止めてほしいということもあるでしょう。

どちらにせよ相手に変化を求めている以上、大なり小なり依頼したいことがあるはずです。それはなんでしょうか。

また、相手にお願いをするにあたって、こちらはなにを約束し、守ると誓うのかも重要です。

ただしこれは交換条件ではありません。相手が願いを聞き入れてくれるかどうかはわかりませんし、アンコントローラブルですが、こちらの約束は絶対に通さなければいけません。繰り返しますが、取引ではないのです。

インターナルレターは会社（組織）と社員との関係性を改善・修復するもの。新たな関係性を創造するための手段だと言いました。

もしかすると今回はリクエストを無視されるかもしれません。それはあなた（レターの送り主）の信用残高がゼロ（もしくはマイナス）だからです。

ゆえに、一つずつ信用を回復し積み上げていくために、意味のある約束をして、それを守る必要があります。

ここでの約束は、確実に守れる小さなもので構いません。

❼での答え（その結果、②（とわたし）はなにを得るのか？）は、いわば「大きな約束」です。これについては希望であり、願望ですから、仮に叶えられなかったとしても「目指している」想いが共有されれば非難の的にはなりませんし、信用低下にもつながりません。

対して、❽で挙げるのは「小さな約束」です。

あなた（会社／組織）次第で確実に守れる小さな約束はなんでしょうか。できれば後に約束が守られたかどうか、客観的にわかるものがベターです。次にインターナルレターを出すときに、約束を守った事実を思い出してもらうことができます。

❾②にどんな内省言語を喚起させたいか？

インターナルレター準備段階の最後の質問です。

この項目も質問❶及び❷と同様に、作成するインターナルレター本文に含まれる内容ではありません。ではなぜ考える必要があるのかというと、インターナルレターが期待どおりに機能するかのチェック項目となるからです。

内省言語とはこころの声。内なる自分の言葉です。

文章媒体に限らず、コミュニケーションの真髄は相手の内省言語を想定し、意図的にデザインすることにあります。

「自分のこころの声」に反論することができますか？

これは難しいです。だからこそ、自身のなかから生まれた〈気づき〉や〈確信〉に対して人は無批判で疑いません（知らず知らずに誘導された可能性が大いにあるにもかかわらず）。

それは内省言語こそ、自分の本当の声だと思っているからです。

だからこそ、最も重要なメッセージは〈こちらが〉言葉にしてはいけません。〈相手が〉内発的に言葉にするからこそ、強力に働きます。

元々の僕の専門は企業の商品やサービスを販売するコピーライティング（セールスライティング）ですが、大原則として相手を説得して購入ボタンを押させることは不可能です。どれだけ論理的かつ合理的に説得しようが、それで「買わせる」ことはどんな優秀なコピーライターにもできません。

判断材料を与えるだけ。それで読み手が〈自分で〉自分を説得することにより「買う」のです。つまり自己との対話、内省言語によって買う／買わないの判断をします。僕らコピーライターの役割はその言葉（こころの声）をサポートすることです。

インターナルレターでも要領は変わりません。受け取り手の内省言語を想定し、その言葉が自然と自分のなかから出てくるようにメッセージを組み立てて伝えます。

一〇〇パーセントの精度でできるものではありません。ただこれを意識するかしないかでは雲泥の差が出ます。

インターナルレターを読んだ相手のなかに、どんな内省言語を思い起こさせたいのか。それを予め考えておきましょう。

書き上がったとき、想定した内省言語が呼び起こされる流れやメッセージになっているか。それが❶で設定した目的を達成するかどうかの、一つの重要な判断材料となります。

「9つの質問」穴埋め実例

では実例をもとに、「9つの質問」をどのように埋めればいいのかを見てみましょう。

第3章で公開した実例1、JTグループ内でリリースされたインターナルレター（114頁を参照）作成時に、事前準備として事務局の方にインタビューをして埋めたものです。

9つの質問シートは、❶から順に埋めていきます。

自力では完成させられず聞き取りが必要な場合や、チームでどういったメッセージを発信するのかをディスカッションする場合には、9つの質問の❶から❾までをそのままの順番で質問したり、話し合ってみてください。

自然に議論が深まり、すべてのマスを埋めていくことができるはずです。

９つの質問　穴埋め実例

❶レターを出す目的は? これから始まるカルチャー変革プロジェクトに対する事務局の想いを知ってもらい、前向きな気持ちで参加してもらう。	❷レターを出す相手は? プロジェクトに参加する、20代半ばから30代前半のJTグループ社員。	❸②（とわたし）の痛みは? どうせ変わらない。言っても仕方ない。口では「挑戦しろ」と言うわりに、いざなにかやろうとすると待ったが入る。
❹②（とわたし）の理想が実現した状態は? 胸を張って「これがわたしの仕事だ」と言えるようになる、そういう人を増やす。チャレンジすることが文化になって互いに称賛し合う。	❺なにが問題で④が実現できていないのか? 社外で刺激を受けて帰ってきても、孤軍奮闘ではこころが折れてしまう。 チャレンジしても、成功しなければ評価されない。	❻なぜ今回は、⑤を解決できると言えるのか? 同じ志を持つ「仲間」を部署を越えて集めた。 成功しなくても、チャレンジを称賛する文化、風土、制度を用意した。
❼その結果、②（とわたし）はなにを得るのか? ドミノ倒しのように、周囲を巻き込みながら会社が変わり始める。 仕事の感動、お客様の感動がある。	❽わたしが守る約束と、②に対するお願いは? 【約束】挑戦が社内で不利に働かないように絶対守る。（あなたの変化を）諦めない。 【お願い】少しでいいから「期待」してほしい。	❾②にどんな内省言語を喚起させたいか? もしかしたら、ほんとに今回はいつもと違うのかも。 ちょっと真剣にがんばってみようかな。

❶ではまずレターを出す目的を言語化しますが、まだ思考のエンジンが温まっていないので、実例のとおり「想いを知ってもらい、前向きな気持ちで参加してほしい」くらいざっくりしたもので構いません。

ここで「真の目的はなんだ？」と哲学的になり多くの時間を費やしてしまうより、さっと埋めて次のマスに進みましょう。

手を動かし、マスを進めていくことでリズムができ、思考もさらにスムーズかつ深く働いていきます。

❷も「ペルソナをしっかりと設定しなければ」と肩に力を入れて書く必要はありません。シンプルに客観的情報を記述しましょう。ただし、ある個人を想定した方が書きやすい、カテゴリー内の代表的な人物の顔が浮かぶ場合は個人名でも問題ありません。

例では「プロジェクトに参加する、20代半ばから30代前半のＪＴグループ社員」としました。

❸からいよいよ頭を働かせていきます。レターを届ける彼ら／彼女らが抱いている「痛み」はなんでしょうか。多くの対象者に共通し、かつ核心的なものがなにかを推察します。

推察は空想ではありません。対象者たちの日頃の言動や具体的な出来事から導き出すインサイトです。観察した事実を広げていくことが、リアリティある「痛み」の抽出につながります。

ヒントとしては、例えば過去の期待に対しての挫折感や失望感、あるいは諦めの感情がないか考えてみましょう。あるいは未来に対する不安や恐れ、自分のテリトリーや安全／安心が脅かされるのではないかという姿勢はないか。

実際にインタビューするのも有効です。質問のポイントは、「本当はどうありたい／ありたかった」のか、というifを訊くこと。理想と現実のギャップが「痛み」を発生させます。

今回の例では「どうせ変わらない。言っても仕方ない。口では「挑戦しろ」と言うわりに、いざなにかやろうとすると待ったが入る」という、過去の失望感や諦めを——実際に経験していない人にはそうした風潮や認識を——「痛み」としました。

❸ではリアリティが重要だと述べましたが、❹ではただ「痛み」を解消するだけに留まらず、想像力を駆使して理想的な未来、ビジョンを描きます。もちろんそれは、インターナルレターを届ける相手にとって「欲しい」と思わせる魅力的なイメージでなければいけません。

❹の回答は言い換えれば、インターナルレターを出すきっかけとなったプロジェクトや制度、

計画の理由や意義です。ここでは「胸を張って「これがわたしの仕事だ」と言えるようになる。そういう人を増やす」、「チャレンジすることが文化になって互いに称賛し合う」という本来のプロジェクトの目的を置きました。

❺の実現できていなかった問題とは、いわば過去の失敗談。単に現状を否定するのではなく、反省の歴史からなにを学び、教訓としたのかを明らかにしましょう。

事務局の担当者に聞くと、「外部の研修やセミナーに出すことも積極的にやってきたが、社外で刺激を受けて帰ってきても、孤軍奮闘になりこころが途中で折れてしまう」といった背景の話が出てきたので、それを言葉どおりに書きました。

❻は❺からどう進化したのか。ここでのチェックポイントは、問題と解決策がきちんと対応しているかどうかです。そして、「それなら今回はいけるかもしれない」という納得感を与えられるかどうか。

例は企業変革プロジェクトに関するものなので、ここでは当該プロジェクトの目玉、企画における特筆すべき点を挙げます。

❼はレターの読み手にとって、「それが自分にどう関係あるのか」です。共感が得られる今よりも魅力的な未来を描きます。思わず「そうなればいいな」という言葉が内側から浮かんでくるようなもの／状態はなんでしょうか。

事務局メンバーたちとディスカッションをするなかで、「このプロジェクトをきっかけに、ドミノ倒しのように会社が変わっていってほしい」、そして「新たなチャレンジを通じて、お客様を感動させ、仕事に感動したい」というビジョンを共通して持っていることが見えてきたので、それをストレートに書いています。

❽は新たな信頼関係を構築（創造）するために守る約束と、相手へのリクエスト（お願い）。このプロジェクトでは担当メンバーたちにとても強い社員に対する愛が感じられ、「挑戦を支援するからには、そのプロセスや結果がプラス評価につながることはあっても、マイナス評価や不利益が生まれないように絶対に守る」、「参加者が諦めても、わたしたちは（社員全員を）最後まで諦めないし、成長や変化を信じる」といった言葉（約束）が出てきました。

また、お願いについては「ちょっとでいいから「期待」してほしい」という想いが聞けたので、そのまま記しています。

❾はレターを読んだ人にどんな感想を持ってもらいたいか。自然に浮かんだこころの声として、どういった言葉が引き出せられたなら成功と言えるのかを考えます。インターナルレターを受け取った相手から、どういったリアクションのセリフが聞けたら嬉しいでしょうか。

「もしかしたら、ほんとに今回はいつもと違うのかも」、「ちょっと真剣に頑張ってみようかな」という感想をこの例では目指すことにしました。

事前準備は買い物リストであり、従業員理解の試金石

さて、「9つの質問」は埋められそうでしょうか。

はじめは大変に感じるかもしれません。でも安心してください。慣れればそれほど難しいものではなくなります。それに同じ相手に二回目、三回目で出す際には、前回埋めたマスがそのまま使えたり、少し変更するだけで済む場合がほとんどです。

この先インターナルレターを作成していくとわかりますが、準備として「9つの質問」に答える手間をかけたほうが、結果的に書き上げるまでの総時間はずっと短くなります。スーパーに食材の買い出しに行くとき、事前に三分時間をかけて買い物リストを作っておいたほうが、迷

いなくスムーズに（そして本来の目的を見失うことなく）店を後にできるのと同じです。

また、自分がどれだけメッセージを出す相手や、施策やプロジェクトについて理解しているかの試金石にもなりますので、億劫に思わずぜひ取り組んでみてください。

「９つの質問」をすべて埋められたなら、いよいよ実際にインターナルレターを書く段階に入ります。準備がしっかりできていれば恐いものはありません。

さっそく始めましょう。

Letter 02

誰でも想いが伝えられる秘密の構成シート

伝える内容よりも、伝える順番に魔法がある

準備が終わったところで、どう書いていけばいいのか。

結論から言えば、穴埋めした「9つの質問」の❸から❽までを順番につなげるだけです。

それでインターナルレターの骨格が完成します。あとは前後の文脈がスムーズになるように言葉を足したり、読みやすいように小見出しをつけたりといった調整をするだけ。

ここでのポイントは一つしかありません。

「順番を守ること」です。

僕らのような文章を生業《なりわい》とする人種と、そうでない方々の最も大きな違いは、語彙力や言葉選びのセンスではありません。伝えるべき内容をどの順番で伝えるかという、順序に対する異常な執着です。

事実の伝達を目的とした機能的な文章以上に、読み手の情緒、感情に作用することを意図した文章では、内容に魔法があるのではありません。順序に魔法があるのです。

小説や漫画、映画といった物語作品の創作現場では、「ストーリー」と「プロット」という言葉が使い分けられます。

「ストーリー」とは、時間軸に沿った物語世界の進行です。

他方、「ストーリー」をシーンに分け、より面白く、より伝わり、よりインパクトがあるように、順番を並びかえたものは一般に「プロット」と呼ばれます。

僕らが完成品として鑑賞する物語は「プロット」の順番です。それは必ずしも作品世界内での「ストーリー」の流れとは一致しません。

なぜ素直に物事が展開した時間どおりに制作されないのでしょうか。伝える順番がすべての印象を操作するからです。順番こそが魔法だからです。

そして物語創作の世界では、おおよそ人が感動する展開、人がこころを動かす順番の解明は終わっています。だからこそ、ハリウッドでは質を担保した作品を持続的に再生産しつづけることができるのです――もちろんそういった「型」を無視したクリエイティブな挑戦作もありますが、面白いかどうかは博打になります。そして博打は負ける確率の方が高いから博打です。

商品やサービスを売ることを目的としたセールスライティングの世界でも、伝えるべき内容と伝えるべき順番は定型化されています。だからこそ僕らのようなプロは、ホームラン狙いで二塁打や一塁打になることはあっても、空振りして三振になることはあまりありません。

ゆえに、文章のプロフェッショナルではない人にとって、書いて効果的に伝える際の鬼門は言葉遣いや流暢さではなく「構成」です。インターナルレターのようなエモーショナルな文章では、とりわけ顕著な差となります。

けれど心配は無用です。

インターナルレターには基本構成の型があります。僕が十五年以上かけて現実現場で磨き上げてきた、再現性のある型です。

そして、事前準備で作成した「9つの質問」の❸から❽を順々につなげていけば、そのまま型に沿った構成が完成します。

では次は、先ほどの穴埋め例で示した「9つの質問」シートが、どのようにインターナルレターになっていくのかを見ていきましょう。

インターナルレター構成シート

メインキャッチ
サブコピー

メインビジュアル

❸あなた（とわたし）の痛みは？
——痛みと共感（導入）

きっと、

❹②（とわたし）の理想が実現した状態は？
——痛みが解消された欲しい未来

でも本当は、

❺なにが問題で④が実現できていないのか？
——欲しい未来に手が届かない理由

これまでも、

❻なぜ今回は、⑤を解決できると言えるのか？
——納得の解決策

でも今回は、

❼その結果、②（とわたし）はなにを得るのか？
——行動すれば手にできる可能性

それにより、

❽わたしが守る約束と、②に対するお願いは？
——提案・達成の条件（クロージング）

最後に、

インターナルレター構成シートの記入例

メインキャッチ

サブコピー

メインビジュアル

❸あなた（とわたし）の痛みは？

――痛みと共感（導入）

きっと、　どうせ変わらない。言っても仕方ない。口では「挑戦しろ」と言うわりに、いざなにかやろうとすると待ったが入る。

❹②（とわたし）の理想が実現した状態は？

――痛みが解消された欲しい未来

でも本当は、　胸を張って「これがわたしの仕事だ」と言えるようになる、そういう人を増やす。チャレンジすることが文化になって互いに称賛し合う。

❺なにが問題で④が実現できていないのか？

――欲しい未来に手が届かない理由

これまでも、　社外で刺激を受けて帰ってきても、孤軍奮闘ではこころが折れてしまう。チャレンジしても、成功しなければ評価されない。

❻なぜ今回は、⑤を解決できると言えるのか？

――納得の解決策

でも今回は、　同じ志を持つ「仲間」を部署を越えて集めた。
成功しなくても、チャレンジを称賛する文化、風土、制度を用意した。

❼その結果、②（とわたし）はなにを得るのか？

――行動すれば手にできる可能性

それにより、　ドミノ倒しのように、周囲を巻き込みながら会社が変わり始める。仕事の感動、お客様の感動がある。

❽わたしが守る約束と、②に対するお願いは？

――提案・達成の条件（クロージング）

最後に、　【約束】挑戦が社内で不利に働かないように絶対守る。（あなたの変化を）諦めない。

【お願い】少しでいいから「期待」してほしい。

インターナルレター構成シートの使い方

事前準備で「9つの質問」シートが埋められたら、そのまま次の「インターナルレター構成シート」に書き写していきます。

「インターナルレター構成シート」は文字どおり全体像を把握するためのものなので、シートとしては使用せず、頭に構成を思い浮かべた状態で直接テキストエディタなどに書いていっても大丈夫です。

チームや上司などとインターナルレターの構成を共有する必要がある際に活用ください。

ご覧のとおり、「9つの質問」で書いた❸から❽までが本文の骨格になります。

各質問文の後ろに追加した言葉（❸の場合「痛みと共感（導入）」）は、そのパートで求められる機能です。滑らかな文章へと書き換えていく際に、ついつい筆が乗り話があらぬ方向へ展開することが多々あります。書き進めてみるまで、自分が結果的になにを書くのかわからない妙こそ、「書く」ことの一番の面白さであるわけですが、インターナルレターは散文ではなく目的を持った文章なので、各パートごとに正しく機能しているかを都度チェックしましょう。

枠線で囲んだ言葉は、前後の文章を接続させる際のヒントです。そのまま使用しても、使用しなくても構いません。

各文同士の接続がスムーズになるように本文を調整し、読みやすくなるよう適宜「小見出し」を追加、「メインキャッチ」と「サブコピー」、「メインビジュアル」を用意したら完成です。

文章をつなげて本文を完成させるためのヒント

先に一つ断っておきます。

ぎこちなくて構いません。

巧く書こうとしなくて大丈夫です。

あなたは訓練されたライティングのプロではないのですから。事前に準備した「9つの質問」を土台に、構成シートに従ってどうにかこうにかつなげた文章が、読んでわかる日本語、意味の伝わる言葉であれば十分に及第点だと思ってください。

大切なのは「想い」です。これは諦めでも慰めでもありません。事実です。

プロのコピーライターの僕が事情をなにも知らずに想像で書いたインターナルレターより、会社や社員を理解し、彼ら／彼女らをの想いに共感するあなたが書いた文章のほうが、何倍も読み手の共感を呼び、こころに届きます。そしてインターナルレターにとって重要なのは、まさにその一点です。

ですので、文章の巧さといったテクニカルな要素は、いわばおまけのようなものだと捉えたうえで、気楽にまずは書いてみてください。

その際に役立つヒントとして、いくつかポイントをお伝えしておきます。

第一に、相手に向けての話し言葉で書きましょう（書き直しましょう）。

語尾は「だ・である調（常体）」よりも「です・ます調（敬体）」のほうが適切な場合がほとんどです。一般に「だ・である調」は簡潔で説得力があり、「です・ます調」はやわらかく親しみやすい印象を与えます。一方で、「だ・である調」は威圧感があり、「です・ます調」は説得力に欠ける傾向にあります。

インターナルレターは「手紙」です。威圧感を感じさせることは避けたいですし、仕事人生において運命を共にする仲間から仲間に向けてのメッセージですから、親しみやすさを優先し「です・ます調」で書くことを推奨します。意図的に「です・ます調」と「だ・である調」を混合させて、文章にリズムを生み出したり印象を操作したりするテクニックもありますが、ビギナーのうちは全体を同じ「です・ます調」で統一するほうが無難です。

また文章のリズムの点では、同じ語尾を3回以上繰り返さないように気を配るだけで、ずっと流暢で読みやすい文章になります（「〜です。〜です。〜です。」としない）。ちなみに本書は「です・ます調」かつ同じ語尾の繰り返しを避けて書いてありますので、そうした点も意識して後半を読み進めていただくと、語尾のバリエーションや文章のつなげ方のヒントが得られるかもしれません。

このトピックの最後に（そして強く！）伝えたいことがあります。

過剰な言葉遣いをしないでください。

過剰な、言葉遣いを、しないで、ください。

いいいいい、いいい

ものすごく大事なことなので二回言いました。度を越してへりくだった敬語は、丁寧さよりも相手にこころの距離や壁を感じさせます。再三述べますが、インターナルレターは手紙です。それもこころを込めた、仲間に向けての。そして距離や壁を取り払うためのものなのですから、過剰な敬語（言葉遣い）は逆効果でさえあります。

イメージとしては、親しい先輩へ食事のお礼をメールで伝えるときの文体。あるいは学生に向けて「です・ます調」で話しかけるときの言葉遣いを意識してみてください。

その他のアイデアやチップスについては次章で紙幅を割いていますが、まずは今お伝えした要点をしっかりと咀嚼し、実践してみましょう。

メインキャッチ、サブコピーにはなにを書くのか

部分的なインターナルレターではなく、完全なインターナルレターの場合、必ず「メインキャッチ」と「サブコピー」を入れてください。

では、それぞれなにを書けばいいのかですが、ここでも目的と機能から考えます。

まず「メインキャッチ」の目的は、ずばり「注意を引くこと」です。言い換えれば、本文の一行目を読んでもらうこと。それ以上でも以下でもありません。

ゆえに、本文の内容を端的に伝えるものや要約ではないことを理解しておく必要があります。

かといって、注意は引くものの本文や内容とまったく関係のないコピー（例えば「会社に不倫がバレました。」など）は考えものですので、節度と刺激のバランスが肝要です。

とはいえ、それが難しいから僕らのようなコピーライターという専門家が存在します。ただ、社内文章は基本的に読まれる前提に立っていますので、そこまで頭を悩ませる必要はありませ

ん。まずは「いつもの通達や事務連絡とは違う」という印象を持ってもらえることを目指しましょう（考え方のヒントや、具体的なアイデアについては次章で詳述します）。

メインキャッチが書けたら次は「サブコピー」です。メインキャッチはやや発想力が求められるのに対し、サブコピーは頭を使う必要がありません。単に「何に関するレターなのか」を明らかにします。

多くの場合「新しい○○について」や「□□制度の変更に向けて」といったものになるでしょう。先ほど「メインキャッチの目的は注意を引き、本文の一行目を読んでもらうため」だと述べました。サブコピーの目的の一つも、本文の一行目を読んでもらうことなのですが、それに加えてインターナルレターでは「何であるのか」がわかるようにします。

普段の社内文章とは異なり、メインキャッチが内容の要約やタイトルではない以上、興味は引くもののなんだかよくわからなくて混乱してしまう事態が起きかねません。とりわけ初めてインターナルレターを出す場合はそうです。

読み手の混乱を回避するために、サブコピーでは何についてのメッセージ、レターなのかを明らかにしておきます。

ちなみに「メインビジュアル」の目的も「注意を引き、本文の一行目を読んでもらう」ことですので、メインキャッチが想起させるイメージから遠くかけ離れていなければ、どんなものでも構いません。

メインビジュアルは最悪省略しても問題ない要素ではありますが、比較的長い文章が本文で展開されますので、読み手の緊張をほぐし没入感を高める意味でも、可能な限り用意していただくことをお勧めします。

インターナルレターに求められるのは巧さよりも大胆さ

本文がスムーズにつながるように言葉を加えて書き直し、メインキャッチ、サブコピー、メインビジュアルが追加できたなら、インターナルレターのできあがりです。

メインキャッチから文末までを一読してみましょう。

いかがでしょうか、「9つの質問」の最後の問い、「レターを出す相手に喚起してほしい言葉」を感じさせる文章になっているでしょうか。

どんなライティングのプロでも――仮にシェイクスピアやゲーテでも――、すべての読者に一〇〇パーセント意図した言葉を喚起させることはできません。六〇パーセントくらいの精度だと思えたら、大きな花丸をあげてください。そして一度身近な人に読んでもらいましょう。いいフィードバックがもらえたら、そこでまた調整すれば十分です。

お伝えした内容を実践していただければ、想いの届くいいインターナルレターが必ずできあがります。

文章の「巧さ」よりも「大胆さ」を意識してください。

「こんな文章がうちの会社から出されるなんて」という意外性、驚きがあるからこそ、注意を引きインパクトを残します。

過剰な言葉遣いではなく、親しみを込めた言葉遣いで。事実の羅列ではなく、寄り添いながらも希望を見出す想いを。

最も簡単な「大胆さ」の出し方があります。

本音や本心を語ることです。

なぜならビジネスの世界は、本音や本心は隠され、お世辞や建前でのコミュニケーションばかりですから。

では改めて、「9つの質問」での回答やインターナルレターの構成を意識しながら、第3章で紹介した実例1（114頁を参照）を読んでみてください。

いろいろと肉付けされていますが、レターの骨格は今までに解説してきた通りになっているはずです。

自分で書く際には、まずはスムーズに文章がつながることだけを意識しましょう。文章の流暢さや肉付けは本質ではありません。

さあ、インターナルレター作成の基礎講座はここまでです。どうでしょうか、これならできるかもしれない、書けそうだと思っていただけたなら本望です。

もしかするとまだ「自分には難しい」「文章を書くのはやっぱり苦手だ」という方もいるかもしれません。

幸いにして、今は生成AIの能力を、誰でも無料(もしくはわずかな費用)で自分の力として使用することができます——まさにこの文章を執筆中の今日、ChatGPTなどを駆使して書かれた小説が、純文学における最高峰の文学賞と言われる芥川賞を受賞したとのニュースが発表されました。*2

本書は生成AIを使った執筆方法について解説することを目的とはしていませんし、僕自身は文章作成の際に使用しませんが、文章に苦手意識がある方々の助け舟となるよう本書の最後

＊2　岡田有花「芥川賞作「ChatGPTなど駆使」「5%は生成AIの文章そのまま」 九段理江さん「東京都同情塔」」ITmedia NEWS、https://www.itmedia.co.jp/news/articles/2401/18/news090.html　2024年1月18日閲覧。

にいくつか簡単なガイダンスを載せておきましたので参考にしてください。

社員との距離の半分以上は会社から歩み寄る

さて、本書のメインパートはここまでです。

現在の経営環境、企業パーパスと個人のＷＩＬＬの関係、インターナルレターとはなにで、なぜ求められるのか、そしてどんな役割を果たすのか。

恐らく想像していたよりも情報量が多く、なかなか苦労して読んでいただいたのではないかと思います。お疲れさまでした。

本書は経済の未来を語る思想書や、自分を鼓舞するための自己啓発書ではありません。あくまで社内変革の一歩を踏み出すための実用書であり、インターナルレターのマニュアルです。

つまり、本書は読まれることではなく、あなたに書かれ̇る̇こ̇と̇ではじめて機能します。ぜひインターナルレターを書いてください。まずは部分的なインターナルレターから、そして完全なインターナルレターにもぜひ挑戦していただけることを願っています。

一回、二回ではなにも起こらないかもしれません。それでも懲りずに出しつづけてください。

インターナルレターは会社と社員の関係性を再創造（修復・改善）する手紙であり、魔法ではありません。一歩ずつこころを交わして歩み寄る必要がある、極めて人間的なアプローチです。

仕事の信用を取り戻す。そのためには精神的つながりだけでなく、実益として成果を出せばその分、今日よりも明日の生活が良くなることを会社は行動（給与・制度）で示さなければ、より大きな失望を与えてしまうことになります。

社員は明日を見ていても、経営者は数年先、十数年先を見据えて判断する必要があるため、その時間軸の違いが、同じ未来を望んでいても相反する決断に映ってしまい、理解されない場面は多々あります。

だからこそコミュニケーションが必要です。守れる約束を、けれど希望を感じる約束を積み重ね、会社と仕事の信用を（改めて）築いていかなければいけません。

そうして、社員一人ひとりが仕事を「自分ごと」として手中に取り戻し、集中することでインセンティブやモチベーションに頼らない、人生の充実につながるハイパフォーマンスが実現するのだと信じています。

別角度から言えば、インターナルレターは現状多くの企業が有効にマネジメントできていない、社員の抱える「不満」ではなく「不安」に対する処方箋です。お金もほとんどかかりません。僕ではなく、あなたの会社の未来と社員を信じて、インターナルレターに取り組んでいただけたら幸いです。

本章は「準備をしそこなうことは、しそこなう準備をすることだ」というジョン・ウッデンの言葉から始まりました。

締めくくりもまた、尊敬する同氏から言葉を借りたいと思います。

友情をはぐくもう。それを高度な芸術にまで高めよう。二人の間の距離の半分以上を自分から歩み寄ろう。友情は結婚と同じように、二人の歩み寄りによって成り立つものなのだ。*3

＊3　注1と同じ、34頁。

CHAPTER **05**

Q & A、その他の実例、AI を駆使しての書き方

Letter 01 より「読まれる」ためのQ&A

Q1　文章力がないので、書いてても読んでもらえるか不安です
A1　人は巧い文章ではなく、自分に関係がある文章を読みます

知人からの手紙を読まずに捨てる人はまずいません。なぜでしょうか。重要な内容だから？　それは読み終わるまでわかりません。文章が上手だから？　それも封を切るまで不明です。

僕は毎日さまざまな企業からＤＭを受け取りますが、ほとんどすべて読まずに（封を切らずに）ごみ箱に入れます。でも知り合いからの手紙では、絶対にそんなことはしません。必ず封を切り目を通します。なぜか。

間違いなく自分宛てだからです。

コピーライティングの世界に足を踏み入れた人は漏れなく全員、最初に習うことがあります。

それは、人は自分にしか興味がないという揺るぎない事実です。

文章が巧いから読まれるというのなら、現在の出版業界（特に文芸領域）がこんなに暗いわけがありません。時々、重要な文章だから読まれると勘違いしている人がいますが、それは微妙に誤解しています。文章の「重要さ」とは、書かれている内容ではなく、それが「どれくらい自分に影響を及ぼすか」です。

ポストに入れられた断水のお知らせよりも、憲法改正草案や緊急事態条項の方が、社会的に考えればはるかに重要ですが、前者は読んでも後者にきちんと目を通した人は稀でしょう。重要さとは、自分自身への関係度の認識や評価だからです。

インターナルレターではまず、メインキャッチで興味を引き、本文へと意識を向けさせます。本文をなぜ対象者（と会社）の「痛み」から始めるかといえば、「自分に関係がある」言い換えれば「あなた宛てである」ことを認識してもらうためです。

自分宛てのメッセージであれば、人は読みます。ですので、読んで内容が理解できるのであれば、文章力はさほど気にする必要はありません。それよりも相手のことを理解して、きちんと相手に宛てて書く意識のほうが重要です

補足として、インターナルレターは手紙とはいえ社内文書には変わりありません。ですので、

基本的には読んでもらえます（読み飛ばす人もいるでしょうが、それは仕方ありません）。

僕がお手伝いしているある会社では、インターナルレターを全員に読んでもらうため、チームや部署の定例ミーティングの際に、冒頭五分を全員でインターナルレターを読む時間にあてていました。これも一つ、有効な方法だと思います。

Q2 注意を引くメインキャッチの書き方がわかりません
A2 人間の8つの本能に訴えかけると効果的です

メインキャッチになにを書くか。

非常に悩ましいと思います。メインキャッチの目的を憶えていますか？　読み手の「注意を引くこと」です。そして「本文の一行目」を読んでもらうこと——本文の要約や、なにに関するレターかを説明するものではありません。特に後者はサブコピーの役割です。

僕がコピーライターとしてセールスに関するコピーを書く場合は必ず、インターナルレターでも多くの場合、メインキャッチを書く際に拠り所とするコンセプトがあります。そのコンセプトとは、米国ダイレクトレスポンス広告界の第一人者であるドリー・エリック・ホイットマンが提唱する「生命の8つの躍動（Life-Force 8）」です。

ホイットマンは、人間には以下の8つの欲求が生物学的にプログラムされていると言います。[*1]

1　生き残り、人生を楽しみ、長生きしたい。
2　食べ物、飲み物を味わいたい。
3　恐怖、痛み、危険を免れたい。
4　性的に交わりたり。
5　快適に暮らしたい。
6　他人に勝り、世の中に遅れを取りたくない。
7　愛する人を気遣い、守りたい。
8　社会的に認められたい。

上記に異論を唱える人はいないでしょう。これらの欲求（本能）に訴えかけ、刺激するキャッチコピーは、全く意識されずに書かれたものよりも確実に人目を引きます。

インターナルレターでは、①生き残り、人生を楽しみたい、③恐怖、痛み、危険を免れたい、

＊1　ドリー・エリック・ホイットマン『現代広告の心理技術101』ダイレクト出版、2011、29頁。

⑤快適に暮らしたい、⑥世の中に遅れを取りたくない、⑧社会的に認められたい、あたりからメッセージにマッチしそうなものを探し、表現として取り入れる参考にするといいでしょう。

もう一つ、より実践が容易なアドバイスとして、メインキャッチを疑問文にするという手があります。

疑問符（＝？）で終わる文章を読むと、答えが知りたくなる（答え合わせをしたくなる）のが人間の性《さが》というもの。シンプルなテクニックですが、使用機会は多く効果的です。

Q3　小見出しはどれくらいの頻度で、どういった内容を書けばいいですか？
A3　本文は三〇〇～五〇〇文字程度で段落分けしましょう。小見出しに書く内容はなんでも構いません

文章を書くうえで最も個性が出る部分。そして決して論理的に教えることができない要素があると言われています。

それが「改行」と「段落分け」の判断です。

基本的には意味の切れ目で分けることになってはいますが、実際には答えが存在せず、書き

手の「気持ち良さ」ないし「気持ち悪さ」という、極めて感覚的な理由によって決定されています。

そのため「小見出し」も、元も子もないことを言えば自分が「これくらいで段落を分けよう」と思うタイミングで挿入するものです。

正直なところ僕自身、レターを書くときに明確なルールに従って改行、段落分けしているわけではなく、その時々の感覚で判断しています。

ですが、自分がこれまで書いてきたインターナルレターを分析してみると、三〇〇～五〇〇文字程度を一段落とし、段落ごとに小見出しをつけている傾向にありました。

ですので仮に段落分けや小見出しの挿入タイミングに関する方針を（強引に）示すのであれば、「三〇〇～五〇〇文字程度」ということになりそうです（絶対的なルールではありません）。

また僕の場合、想定読者が文章に読み慣れている場合には比較的一段落は長めに、想定読者が文章を読み慣れていないと思われる場合には一段落を短めに設定するようにしています。

次に、小見出しになにを書くのかですが、インターナルレターの場合これは完全に自由です。つづく文章との関連性が極端に乖離していない限りにおいては、正解はなく、不正解もありません。

インターナルレターにおいて小見出しを挿入する目的は、文章を読み進める抵抗感をやわらげることです。

わざわざ「インターナルレターにおいて」と前置きしているのには理由があります。その他の文章の場合、それぞれの目的に沿った小見出しの方針が存在するからです。

例えば機能的な情報伝達を主とする文章では、小見出しは次につづく文章のサマリーであることが望ましくなります。一方、インターネット上で検索上位を目指すページの文章であれば、小見出しには関連するキーワードを含めるといった点に留意する必要があるでしょう。商品やサービスの販売を目的としたセールスレターでは、基本的に本文は斜め読み、もしくは読み飛ばされることを想定していますので、第一義的には興味によって読者の目を止まらせ本文へと意識と視点を引き戻すこと、第二義的に長文になりがちな本文を読み進める抵抗感を減らすことが目的となります。

インターナルレターはいずれにも該当しませんが、強いて言えば最後のセールスレターの考え方に近いので、読者の興味を持続させ、読む抵抗感を減少させる短い言葉であれば、だいたいなにを書いても正解です。

インターナルレターの執筆中、本文はスムーズに書き進められるものの、小見出しの文言で止まってしまう場合には、とりあえず「小見出し」とだけ書いておき、先に本文を完成させてしまいましょう。僕もメインビジュアルと小見出しは、本文が書き終わった後に考えたり埋めたりすることがほとんどです。

小見出しとは別に本文の途中にイメージビジュアルを挿入することがありますが、考え方は小見出しと同様になります。読む抵抗感をなくし、本文への興味を持続させるためですから、（不快感を与えるものでなければ）特に条件はありません。

イメージビジュアルは個人的に二〜三段落に一度程度の間隔で入れることが多いです。

もっと「巧く書く」ためのQ＆A

Q4　巧く書く必要はなくても、もう少しこなれた文章にしたいです

A4　本文の一行目に集中しましょう。後はとにかく推敲です

文章は、書いて、読み直して、削って、ようやく「書き終わり」ます。

読み直し、削られていない文章はまだ「下書き」の状態で、人前に出していいものではありません。

日本語は「言葉を削るほど美しくなる」という、稀有な特徴を持つ言語です。

文豪が書き殴った言葉より、あなたが推敲を重ねた文のほうが、きっとより読みやすく、洗練された巧い文章になっています。

推敲する。

それがなによりもまず、巧く書くコツです。推敲は単なる誤字脱字のチェックではありません。不要な（なくても意味が通じる）言葉を削る意識で挑んでください。

とはいえ、自分が書いた文章を客観的に読むことは、プロでも難しいものです。数々のベストセラー作品を世に送り出してきたライターの古賀史健氏は、自分で書いた原稿との距離の取り方として、次の3つを挙げています。[*2]

1　時間的な距離（日にちを空ける）
2　物理的な距離（見た目を変える）
3　精神的な距離（他の人に送る）

最もシンプルな方法は、書いた文章を寝かせて、自分も寝ること。これで時間的な距離が生まれます。次に物理的な距離として「見た目」を変えるのも有効です。横書きで書いたのなら縦書きにしてみる。明朝体からゴシック体にする。おそらくパソコンで執筆し、モニターを通して見ているでしょうから印刷してみる。最後に、他の人に送って見てもらいましょう。文章が自分の元から離れることで、精神的な距離が生まれます。

＊2　古賀史健『取材・執筆・推敲　書く人の教科書』ダイヤモンド社、2021、396頁。括弧書きは著者。

推敲の他に、さらにもう一つアドバイスをするならば、本文の一行目を工夫することです。

メインキャッチやメインビジュアルの目的は、本文の一行目を読ませることだと繰り返し述べてきました。

では、頭をひねり苦労して読んでもらうことに成功した「本文の一行目の目的」はなんでしょうか。

最も大事なことを伝える？　全体の要点を集約させる？

違います。

「本文の二行目」を読んでもらうことです。

それでは本文の一行目の目的が理解できたところで、具体的にどうすれば本文の二行目へと進んでもらうことができるでしょうか。

最も合理的な解答は、「短くする」です。

一行目が短いほど、二行目を読んでもらえる確率は高まります。冗談に聞こえるかもしれませんが、大真面目であり、本当です。

インターナルレターの全文が書き上がり、推敲までできたなら、本文の一行目をもっと魅力的にできないか、もっと次を読みたくなるものにできないか、考えてみてください。

Q5　その時々で、インターナルレターの本文が長くなったり短くなったりします。最適な長さの目安はありますか？

A5　伝えるべき要素を網羅したうえで、最も短くなるようにします

セールスライティングの世界でも、古今東西で文章の長さ問題は議論されてきました。しかしながら結論はいつも、「伝えるべき要素を網羅したうえで、最少の長さがベスト」です。文章の長さとは単なる文字数の話ではありません。無駄なことばかり書かれていれば一〇〇文字でも長いですし、必要な要素が欠けているならば一万文字でもまだ短く、つづきを書かなければいけません。

文章の長さ問題が議論されるとき、長文否定派は口を揃えて「そんな長い文章、誰も読まない」と批判します。

では書籍の売れ行きは文字数（文字の少なさ）に比例するでしょうか。検索エンジンのトップ記事は、いずれも解説文が最も短いページでしょうか。決してそんなことはありません。

僕自身、百文字に満たないSNSの投稿でも「長い」と思えば途中で読むのをやめますし、数千文字を超えていようが興味が持続する限り熟読します。

文章の長さは相対的です。

この世の中のテキストは、長い文章と短い文章に分けられるのではありません。

退屈か、そうでないかです。

退屈な文章であれば、文字数にかかわらずその文章は長く、そうでなければ何文字であったとしても人は長いとは思いません。

ゆえに、あなたが認《したた》めるインターナルレターの判断基準は、文字数ではなく退屈か否かです。

それでは退屈さを感じさせない文章とはどういうものか。この答えも再三述べてきましたが、自分について書かれたもの、自分に関係ある内容です。

的中率一〇〇パーセントの占い師から、自分の運命について詳細に記されたレポートが送られてきたとします。広辞苑以上のボリュームがあったとしても、かじりついて読むでしょう。

読み手について書く。それが実行できている限り長い文章は存在せず、読み手の興味を引かないならば、解決すべきは本文の長短ではなく退屈さです。

Q6　インターナルレターは必ず構成シートの通りに書くべきですか？

Ａ６　構成シートはあくまでも初心者向けの型。慣れれば型を破って大丈夫

第４章で紹介・解説した「９つの質問」とインターナルレター構成シートは、これからインターナルレターに挑戦する人に向けてのガイドライン、言わばオーソドックスなレシピです。

僕自身、大半のインターナルレターを構成シートに則って作成していますので、効果は折り紙付きですし、同じ味を再現するための秘伝のタレのようなものだとも言えます。

ですが、型はあくまでも型。型に含まれる本質的要素が理解できたなら、自由に応用してください。

実例１、２と同様に、ＪＴグループのプロジェクトで実際に発信されたインターナルレターをもう一つご紹介します。これは構成シートの流れに沿って書いたものではありませんが、根底に流れる狙いは同じです。型を破りたいと思う日が来たら参考にしてください。

とはいえ、まずは本書でお伝えした型に従っていただくことを強くお勧めします。十数年分の経験と知恵の結晶であり、成果が保証された方法ですから。

■インターナルレター実例3

あなたは「想起される人」だろうか？

――プロジェクトメンバーへのメッセージ――

こんにちは、コピーライターのイデトモタカです。突然ですが、イラストレーターの中村佑介さんを知っていますか。ASIAN KUNG-FU GENERATION（アジカン）のCDジャケットを描いている人、と言えば「ああ！」とわかるかもしれません。

音楽より文学の人には、森見登美彦さんの『夜は短し歩けよ乙女』や『四畳半神話大系』のイラストの人、でピンとくるのではないでしょうか。

今でこそ超売れっ子イラストレーターですが、もちろん中村さんにも下積み時代はありました。彼がどうやって日の目を浴びて、日本中で活躍するようになったのか。その秘密をこっそりお教えします。

したたかな戦略

中村さんは音楽好きで、自身でもバンドをやっていました。そして、イラストレーターとしてどうしても、CDジャケットの仕事がしたかったそうです。でも無名の中村さんに、そんな依頼は入ってきません。

そこで中村さんは、イラストレーターとしては珍しく、正方形の絵ばかり描いて発表しました（大抵のイラストレーターは、長方形のキャンバスに絵を描きます）。個展をしても、自分だけ正方形の絵ばかり。

するとどうなったか。「CDのジャケットに使えるんじゃない？」と音楽関係者の目にとまり、依頼が来たのです。つまり、相手にイメージ（想起）させたのです。

イメージ（想起）されない仕事は来ない

逆を言えば、想起されない依頼は来ません。僕は「文章を書く人」としてイメージされているので、通訳の依頼や、水漏れ修理の依頼は来ません。どこかでその需要が発生したときに、僕の存在が想起されないからです（なにを当たり前のことを、と思われるかもしれませんが、この認識はとても重要です）。

さて、あなたは今、JTグループでやりたい仕事ができているでしょうか。望んだ部署で、望んだ仕事ができているでしょうか。

もし、本当はあの部署でこんなことがしたいだとか、本当はもっとこんな機会がほしいだとか思うのなら、考えてみてください。あなたはその仕事の適任者として、「想起される人」でしょうか？

「想起される人」になる方法

では、「想起される人」になる具体的な3ステップをご紹介します。

（1）**まず、あなたがJTグループでやりたいことを思い浮かべてください。**本当は行きたい部署、本当はやりたい業務はなんでしょうか。

（2）**それを実現するための（その機会をあなたに提供する）キ**

ーパーソンは誰かを探してください（直接的な場合もあれば、間接的な場合もあります）。

（3）**キーパーソンに自分を「想起させる」ためには、どうすればいいか**を考え、実行します。

以上です、シンプルでしょう。考えるべきは、「どうすれば打席が回ってくる確率が高まるか？」です。

PJTをあなたの「想起」の場に

本当は企画の仕事がしたいけど、そういう部署にいないなら、今回のプロジェクトでとにかく企画を出しまくるというのも、一つの手です。なんだったら、他の面白そうなチームの企画まで考えて出しちゃう。

そうやって「めちゃくちゃ企画を出す人」になれば、部署が違っても仕事の場で「企画の人」と思い出される（想起）される可能性があるかもしれません。

もう一度言いますが、想起されない仕事（依頼）が来ることはありません。特に、あなたが本当にやりたくて、やりがいのあるものであればあるほど。

120パーセントを出して、余分の20パーセントに仕込む

ふだんの業務でも、あなたがやりたいことをやる機会を増やす

ためには、求められたことに対してぎりぎりのパフォーマンスを出していては駄目かもしれません。

100パーセントを求められたなら、120パーセントで返す。そして20パーセントの余分の部分を、自分を想起させるための「仕込み」に使う、ということを、どこの世界、どんな業界でも、やっている人はやっている「秘密」です。

「そんな簡単な話じゃない」と思ったかもしれません。それはそうでしょう。でも、他にもっと上手い方法が思いついていないのなら、試してみる価値はありますよ。

少なくとも僕は、「メッセージを書かせるならあの人だ」と想起されるようになってから、2倍どころか3倍も5倍も仕事が楽しいです。あなたも、あなたの望む場所で「想起される人」を目指してみませんか？

——プロジェクト事務局

Letter 03

それでも「書けない」人のためのQ＆A

Q7 やっぱり文章を書くのが苦手です。どうにかなりませんか？

A7 生成AIをサポートとして使ってみてください

インターナルレターは「9つの質問」を埋め、構成シートに沿って文章をつなげればできる、と言われても、やはり書き慣れていない人にとってはハードルを感じるかもしれません。

そこで、生成ＡＩを活用し、参考となる文章を出力する方法を本書のために特別に用意しましたので、最後におまけとしてご紹介します。

ChatGPTやGeminiといった、対話型の生成ＡＩは「プロンプト」と呼ばれる指示文を入力することで回答（出力）を得るモデルです。そのため、必然的にプロンプトの精度が出力の質を左右します。

適切な回答を得るためのプロンプトの基本構成は、「依頼（Request）」を出し、「役割（Role）」を決め、「形式（Regulation）」を指定することです。

構成シートの内容を広げられない、巧く文章をつなげられない、ヒントがほしいという場合には、次のプロンプトを使用してみてください。

第四章で例として埋めた「9つの質問」の内容を反映しています。ご自身で使用する際には、〔#想定読者〕と〔#段落〕に入る言葉を置き換えてください。

〔#想定読者〕には、「9つの質問」の「❷レターを出す相手は?」の内容を書きます（第四章では「プロジェクトに参加する、20代半ばから30代半ばのJTグループ社員」としていましたが、ここでは一般化して「20代半ばから30代半ばの会社員」としています）。

〔#段落〕には、構成シートに転載した❸から❽の文章を記入します。その際、「きっと、」や「でも本当は、」といった各段落のつなぎの言葉も合わせて記述します。日本語としておかしな文章になっていても気にしなくて構いませんが、意味が通じるように多少変更を加えて調整するほうが出力結果の質は上がります。例では原文のまま変更を加えていません。

■インターナルレター作成用プロンプト

#依頼
あなたは｛#役割｝です。次の｛#ルール｝を必ず守り、｛#形式｝の形式で出力してください。

#役割
−こころに響く文章を書くコピーライター

#形式
−6つの小見出しと本文からなる文章形式

#ルール
−｛#想定読者｝の共感が得られるように各｛#段落｝の文章を参考に、本文を作成してください。

−本文は「です・ます調（敬体）」で作成してください。

−作成する本文は、各｛#段落｝を必ずアレンジして、出力してください。

−各本文は、｛#文字数｝になるように、適宜文章を補足して出力してください。

−各本文に、小見出しを付してください。

#文字数
−下限：200文字
−上限：300文字

#想定読者
−20代半ばから30代前半の会社員

＃段落

1．きっと、どうせ変わらない。言っても仕方ない。口では「挑戦しろ」と言うわりに、いざなにかやろうとすると待ったが入る。

2．でも本当は、胸を張って「これがわたしの仕事だ」と言えるようになる、そういう人を増やす。チャレンジすることが文化になって互いに称賛し合う。

3．これまでも、社外で刺激を受けて帰ってきても、孤軍奮闘ではこころが折れてしまう。チャレンジしても、成功しなければ評価されない。

4．でも今回は、同じ志を持つ「仲間」を部署を越えて集めた。成功しなくても、チャレンジを称賛する文化、風土、制度を用意した。

5．それにより、ドミノ倒しのように、周囲を巻き込みながら会社が変わり始める。仕事の感動、お客様の感動がある。

6．最後に、挑戦が社内で不利に働かないように絶対守る。（あなたの変化を）諦めない。少しでいいから「期待」してほしい。

参考：

野口竜司「AI知識ゼロでも使える「ChatGPTビジネス活用術」」NewsPicks、https://newspicks.com/movie-series/110?movieId=2751　2023年8月12日公開。

メインキャッチ作成用プロンプト

つづけて以下の指示を出すと、メインキャッチの参考案も出力することができます。

この文章のタイトルを10案考え、各タイトルにコメントと100点満点での評価を付してください。

出力結果は紙面の都合上掲載しませんが、無料版のChatGPT及びGeminiでも参考となる文章が作成されるように調整してあります（ぜひご自身で結果を確かめてみてください）。指定した文字数に関しては遵守されない場合が多いです。文章が短いなど出力結果に満足しない場合は、一段落ずつ個別に入力するなど工夫してみてください。

本プロンプトは巻末の付録から無料でコピーできるようにしました。必要に応じて活用いただければと思います。

最後に

さあ、これでインターナルレターを実践しない言い訳はできなくなりました。

経営は実行。実行しなければ、本書を読んだ意味はなく、惰性的な明日が来るだけです（本書を手にとっていただいたということは、あなたはそれを望んでいないはず）。

インターナルレターの作成に関して、僕が見落としているハードルや疑問があるために実行できないというのであれば、メールでご連絡ください。可能な限りお答えさせていただきます。

ide@letter.co.jp

本書とインターナルレターが企業の変革を後押しし、一人でも多くの人が幸せに生きられる社会の創造の一助となることを、こころから願っています。

最後に、僕がｌｅｔｔｅｒと名付けた自社の創業コピーを記して、筆を擱きたいと思います。


一通の手紙で、世界なんて簡単に変わる。

参考・引用文献及び各章の読書ガイド

第一章　給料分以上働くのは損だと考える社員を変える

・ジンメル（阿閉吉男訳）『文化論』文化書房博文社、1987
・岡田斗司夫『評価経済社会——ぼくらは世界の変わり目に立ち会っている』ダイヤモンド社、2011
・内田樹／釈徹宗『日本霊性論』NHK出版、2014
・ミシェル・フーコー（田村俶訳）『［新装版］監獄の誕生——監視と処罰』新潮社、2020
・スティーブ・ピーターズ（依田卓巳訳）『チンプ・パラドックス——「自信」「成功」「幸福」を手にする人のマインド・マネジメント・プログラム』海と月社、2022
・稲田豊史『映画を早送りで観る人たち　ファスト映画・ネタバレ——コンテンツ消費の現在形』光文社、2022
・イデトモタカ『フリーランスで「超」成果を上げる プロジェクトワーカーとしての働き方』ぱる出版、2023

第二章　パーパスの浸透が社員一人ひとりのＷＩＬＬを育む

・ジャック・ウェルチ／スージー・ウェルチ（斎藤聖美訳）『ウィニング　勝利の経営』日経BPマーケティング（日本経済新聞出版）、2005
・ダイヤモンド社『ハーバード・ビジネス・レビュー　2019年3月号』ダイヤモンド社、2019
・キャシー・ホームズ（松丸さとみ訳）『「人生が充実する」時間の使い方』翔泳社、2023
・佐宗邦威『じぶん時間を生きる——TRANSITION』あさま社、2023

第三章　インターナルレターは企業変革の第一歩

・ダニエル・ピンク（大前研一訳）『モチベーション3.0 持続する「やる気！」をいかに引き出すか』講談社、2010
・ピーター・T・リーソン（山形浩生訳）『海賊の経済学——見えざるフックの秘密』NTT出版、2011
・古屋星斗『ゆるい職場——若者の不安の知られざる理由』中央公論新社、2022

第四章　即レターが書ける秘密のフォーマットと９つの質問

・ジョン・ウッデン／スティーブ・ジェイミソン（弓場隆訳）『まじめに生きるのを恥じることはない』ディスカヴァー・トゥエンティワン、2000
・井上ひさし『井上ひさしと141人の仲間たちの作文教室』新潮社、2001
・ジョセフ・シュガーマン（金森重樹訳）『全米No.1のセールスライターが教える 10倍売る人の文章術』PHP研究所、2006
・苫米地英人『オーセンティック・コーチング』サイゾー、2022

第五章　Ｑ＆Ａ、その他の実例、AIを使っての書き方

・ドリー・エリック・ホイットマン『現代広告の心理技術101』ダイレクト出版、2011
・橋口幸生『言葉ダイエット——メール、企画書、就職活動が変わる最強の文章術』宣伝会議、2019
・古賀史健『取材・執筆・推敲　書く人の教科書』ダイヤモンド社、2021

付録

生成AI用プロンプト
コピーページURL
https://letter.co.jp/book/tsuta2404

おわりに

インターナルレターの可能性をいち早く見出し、起用してくれた日本たばこ産業株式会社の古川将寛さん、数々のメッセージを共につくり上げ発信してきた吉澤遥太さん、社内変革実現に向けて知恵を絞り合い、本書での実例掲載許可を得るために奔走してくれた大橋沙彩さん、みなさんのお陰で本書を世に出すことができました。こころから感謝します。

もぐりのコピーライターだった僕を表舞台に引き上げ、かけがえのない仲間とインターナルレターという新たな活躍の場を与えてくれた藤野貴教さん、いつも縁の下で力になってくれる米川植也さんにも、大きな感謝を。本書の刊行は僕らの歴史であり集大成です。

本書のコンセプトを尊重し、出版を実現させていただいた、つた書房代表の宮下晴樹さんにも、この場を借りて御礼申し上げます。

素晴らしい挿絵で本書を飾ってくれた才能溢れる実姉の木谷藍子、揺るぎない愛と癒やしを与えてくれる家族と愛犬のベル、いつも息が苦しくなるほどの笑いと刺激をくれる愉快な仲間たちにも、深い感謝を。

実名を挙げさせていただいた方々や企業、参照・引用させていただいた書籍やデータが多数ありますが、本書の主義主張、内容の一切の責任は著者個人にあります。ご意見や批判、反論などはすべて著者にお寄せください。

加えて、社内でのインターナルレターの実施に際し、本書では解消できなかった疑問、質問などがありましたら、メールにてご連絡ください。出版に付随する一つの責として、お時間はいただくかもしれませんが、可能な限りお答えさせていただきます（ide@letter.co.jp）。

本書では三通のメッセージを掲載しました。それら以外も含め、個々のインターナルレターが社内や個人、プロジェクトにどう影響を与えたかという個別のエピソードは確かにあります。しかし、はじめにで述べたとおり、読者にエビデンスを確認する手段がないため、そうした話は一切記しませんでした。ぜひご自身で、あなたの会社で、実行し確かめてください。

本書に誑《たぶら》かされたあなたが、軽率にこの世界をより良く変えることを願って。

二〇二四年　春分

イデトモタカ

著者紹介

イデトモタカ

株式会社 letter 代表。在学中からビジネスを行い、一度も就職することなくコピーライターとして独立。DRM（ダイレクト・レスポンス・マーケティング）に没頭し、26歳で参画したプロジェクトでは広告費10万円で7億円を売り上げる。現在は大企業を中心に企業変革プロジェクト、社員教育プログラムの開発と実施に伴走し、インターナルレターを駆使した社内コミュニケーションの企画・制作を担う。著書に『フリーランスで「超」成果を上げる プロジェクトワーカーとしての働き方』（ぱる出版）がある。

●Webサイト　letter.co.jp
●ニュースレター　ide.medy.jp
●X（旧Twitter）　@idetomotaka

図版・イラスト：木谷 藍子

絵空事ではないパーパス経営のための第一歩
会社・社員変革が加速する
社内通達［インターナルレター］の書き方

2024年4月26日　初版第一刷発行

著　者　イデトモタカ
発行者　宮下 晴樹
発　行　つた書房株式会社
〒101-0025　東京都千代田区神田佐久間町3-21-5　ヒガシカンダビル3F
TEL. 03（6868）4254
発　売　株式会社三省堂書店/創英社
〒101-0051　東京都千代田区神田神保町1-1
TEL. 03（3291）2295
印刷／製本　株式会社丸井工文社

ISBN978-4-905084-80-8